Juillet 1914

Emil Ludwig

Juillet 1914

Traduit de l'allemand par A. Lecourt

Petite Bibliothèque Payot

Retrouvez l'ensemble des parutions
des Éditions Payot & Rivages

sur www. payot-rivages.fr

TITRE ORIGINAL :
Juli 14. Den Söhnen zur Warnung

© 1929, Éditions Payot, pour la traduction française.
© 2012, Éditions Payot & Rivages,
pour la présente édition,
106, boulevard Saint-Germain, 75006 Paris.

AVANT-PROPOS

La responsabilité de la guerre incombe à l'Europe tout entière : les enquêtes opérées dans tous les pays l'ont prouvé. Responsabilité de l'Allemagne seule et innocence de l'Allemagne, ce sont là des contes pour enfants, de part et d'autre du Rhin. Quel pays a voulu la guerre ? Posons une autre question : quels sont les milieux, dans tous les pays, qui ont voulu, facilité ou commencé la guerre ? Si, au lieu de faire une coupe horizontale de l'Europe, on en fait une verticale des classes de la société, on constate que toute la responsabilité retombe sur les Cabinets d'Europe et que les peuples sont complètement innocents.

Nulle part, en effet, l'homme à sa machine, dans son chantier ou à sa charrue, n'éprouvait le désir ou le besoin de rompre la paix ; les classes inférieures redoutaient partout la guerre, et elles lui ont été hostiles jusqu'à l'avant-dernier jour. Les Cabinets, au contraire, en collaboration avec les états-majors et les milieux intéressés – ministres, généraux, amiraux, fournisseurs de guerre, journalistes – ont été poussés par ambition et par crainte, incapacité et cupidité, et ils ont entraîné les masses. Moins un gouvernement avait de contrôle à redouter, plus sa responsabilité vis-à-vis de l'histoire est lourde.

Aussi, cette culpabilité, qu'on ne peut évaluer en tant pour cent, accable-t-elle surtout Vienne et Saint-Pétersbourg ; Berlin et Paris viennent ensuite, celui-ci très loin de celui-là, en qualité de secondants ; enfin, Londres, plus loin encore.

Cette explication est d'autant moins prématurée, qu'on n'étudiera pas ici l'histoire économique et politique de la période précédant la guerre, mais uniquement le mois de juillet 1914 ; et les documents ne manquent pas pour cela, il n'y en a que trop : le point de départ est connu avec plus d'exactitude pour cette guerre que pour toute autre. Seuls, ceux qui, pour des considérations nationales, veulent troubler la pureté de l'atmosphère européenne, continuent à secouer la poussière des dossiers. Déjà en 1921, quand j'écrivais les pages qui vont suivre, quatre ans avant mon livre sur le Kaiser, tout ressortait nettement des documents ; je fis pourtant distribuer la composition déjà toute prête parce qu'on ne pouvait encore demander aux partis, à peine remis de la guerre, de considérer les choses d'une façon impartiale. Depuis lors, des remaniements fréquents n'ont fourni que peu de moyens de parfaire ou de compléter.

Cet exposé, comme tout exposé historique, consiste en documents et en leurs interprétations. En ce qui concerne les documents, il a été fait usage des « livres de couleur » publiés partout, de leurs compléments, de mémoires et d'autres sources reconnues ; seules les conversations des hommes d'État, que ceux-ci rapportèrent la plupart du temps à leurs gouvernements sous forme indirecte, ont été ramenées au dialogue direct en conservant leur sens littéral. Par contre, pour ne pas fatiguer avec des analyses, j'ai donné à plusieurs reprises les interprétations sous forme de monologues dans lesquels les personnages en jeu expriment leurs pensées et leurs réflexions. Pour le lecteur et le critique, ces deux façons d'exposer les choses ont été mises en évidence en *écrivant tous les documents en italique*; chacun sera ainsi à même de les distinguer immédiatement du travail de l'auteur et de ses opinions. Cette manière de procéder m'a paru utile, parce que certains historiens, qui tentent encore de démontrer partialement la sagesse des hommes d'État allemands responsables de cette époque, ont contesté l'authenticité de mes données, lesquelles leur sont politiquement désagréables.

Quand des extraits de ce livre ont paru, en 1928, dans des journaux américains, j'ai été calomnié en Allemagne par cette partie de la presse qui poussa jadis à la guerre et qui, pour cette raison, propage la thèse de l'innocence de l'empire; *Le Figaro* de Paris écrivit en même temps que je ne faisais «malheureusement pas exception à ceux qui voudraient soustraire leur patrie aux conséquences de la défaite», car j'aurais, en montrant d'une façon certaine que tout le monde était responsable de la guerre, ébranlé le traité de Versailles. On attaque ainsi des deux côtés tous ceux qui aspirent à une équité d'un caractère plus que national.

Ce livre est une étude de la bêtise des gens alors au pouvoir et de la rectitude de l'instinct de ceux qui, à cette époque, étaient impuissants. Il sera démontré ici, d'une façon internationale, comment une masse de cinq cents millions d'hommes, pacifiques, travailleurs, raisonnables, ont été entraînés par quelques douzaines de chefs incapables, grâce à des documents falsifiés, à des menaces mensongères et à des phrases patriotiques, dans une guerre que la destinée ne rendait en rien nécessaire. Des crises économiques, des questions de concurrence et de colonies avaient compliqué la situation de l'Europe, et cependant la guerre avait été évitée à plusieurs reprises ; trois hommes d'État habiles seraient parvenus, une fois encore, à réaliser le vœu de la majorité. C'est un mensonge de prétendre qu'un peuple, en tant que peuple, a voulu la guerre ou qu'il la veut aujourd'hui ! La forme de la guerre moderne a rendu illusoire le concept de « nation guerrière » : il n'y a plus que des gens qui égarent les autres et se mettent à l'abri, et des égarés qui se font tuer. Aucun des ministres et des généraux qui ont ourdi cette guerre n'est mort au front. Si l'Europe ne veut pas se laisser précipiter dans une nouvelle guerre, il faut que tous les pays adoptent des lois obligeant les ministres intéressés à abandonner leur masque à gaz : alors on s'entendra aussitôt.

Quand l'histoire ne peut servir d'exemple, elle devrait au moins constituer un avertissement utile. Dépeindre juillet 1914, c'est montrer une partie du monde, dont les peuples avaient confiance en leurs chefs et leur obéissaient, parce que ceux-ci n'étaient pas responsables devant un organe central ; le manque de contrôle sur chacun des gouvernements respectifs avait conduit à l'anarchie de l'ensemble. Nous savons que ceux qui poussaient à la guerre y étaient eux-mêmes poussés ; mais précisément, ils sont coupables de s'y être laissé pousser. Précipitation, hasard, imprévu, et surtout les craintes réciproques de tous les pays, ont fini, grâce à l'incapacité de ces diplomates, par nécessiter une guerre qu'une Société des Nations raisonnable eût pu empêcher ; elle se fût terminée à la première tentative d'un tel tribunal, c'eût été logique et moral.

Ce livre, qui montre les dispositions pacifiques de toutes les populations en juillet 1914, veut contribuer à l'idée d'un tribunal arbitral, lequel n'est pas une utopie, mais devient une réalité, lequel n'est pas un problème insoluble mais la conséquence inévitable de la dernière expérience. Depuis que, *de facto*, l'Europe ne se compose plus que de Républiques, il lui est plus facile de se garantir contre des catastrophes.

À elle de choisir si elle veut le faire bientôt, ou après de nouvelles guerres.

CHAPITRE PREMIER

L'attentat

Dans la clarté de midi, la large terrasse s'embrasait. Au bas des degrés, la voiture attendait, les chevaux bien dressés immobiles dans leurs traits, le cocher en tricorne immobile sur son siège ; quatre laquais étaient postés sur l'escalier. Trois grandes portes blanches ouvertes à deux battants permettaient au soleil de juin de pénétrer dans le salon rouge du château du Belvédère à Vienne, salon que le maître du logis devait traverser en venant de la chapelle.

À l'intérieur du château les portes ont été brusquement ouvertes ; du bruit, on marche, on appelle, piétinements d'enfants, pas d'hommes : et voici l'archiduc lui-même à la porte du milieu. De stature plutôt lourde, serré dans son uniforme de général, le regard singulièrement voilé, il semble à peine voir devant lui, tel un homme qui, au sortir de l'église obscure et solitaire où il vient de prier avec ardeur, est ébloui par le soleil et le monde.

Près de lui, une femme assez forte qui vient de lui prendre doucement le bras, et trois beaux enfants qui attendent le baiser d'adieu ; ils sont là encadrés par les portes blanches : image simple du bonheur et du destin des humains, même les plus puissants.

François-Ferdinand abaisse ses regards sur Vienne,

sa future capitale, et des pensées incertaines se croisent dans sa tête faites d'ambition et de scepticisme. Là-bas, derrière les buissons taillés, ces jets d'eau gracieux, ces arbres en forme de pyramides et ces parterres triangulaires, c'est la grande ville dont la rumeur monte jusqu'à ce château où il vit dans l'attente. Son regard se pose encore une fois sur la haute épaule et la flèche ouvragée de la vieille cathédrale et, vers la gauche, sur les monts et les collines qui s'échelonnent élégamment dans un brouillard bleuté. Il se retourne, embrasse Sophie, qui doit bientôt le suivre en voyage ; tout est prêt. Et il sourit, ce qui adoucit la sombre expression de son visage. Les enfants s'empressent autour de lui. Il les embrasse distraitement : il n'a pas le pressentiment d'un adieu éternel, cela lui est épargné par le destin. Il monte en voiture, franchit le portail du château, devant les sphinx de pierre, qui sourient.

*

Qui est cet homme maintenant parti pour le Sud ? Carrée, sans brutalité cependant, sa tête massive est posée sur des épaules viriles ; dénué d'élégance et de souplesse, il a aussi peu que possible l'air d'un Autrichien, et encore moins d'un Habsbourg.

En lui rien d'aimable, rien de gracieux, tout est lourd, hautain : front, coiffure, moustache. C'est là l'expression de physionomie d'un homme qui a appris à se taire et à souffrir, impérieux et arrogant, plein de mépris pour les autres hommes, regardant l'univers comme un morceau de fer à battre sur son enclume, l'expression de physionomie d'un violent, d'un homme qui n'a pas peur. Mais ses grands yeux gris-bleu trahissent une mollesse qu'il ne veut pas s'avouer, une faiblesse sentimentale, de la mélancolie. Sa piété paraît également véritable, et son avidité ne l'est, certes, pas moins. Il est difficile de s'imaginer cette physionomie exprimant la gaieté ; autorité, mépris, la destinée semble l'avoir marquée de ces deux sentiments. C'est la physionomie d'un *moriturus*.

Il a atteint la cinquantaine, il est craint et puissant, mais sa vie jusqu'à présent n'a pas été bien heureuse. Haine et jalousie des cousins impériaux ont rempli sa jeunesse. Il était âgé de vingt ans quand Leurs Altesses sérénissimes les archiducs, que la succession au trône préoccupait seule, et qui se demandaient qui il serait agréable d'y voir, tentèrent de se débarrasser de cet homme austère : on l'obligea à renoncer à la couronne, il était souffrant, c'était un candidat à la mort. Mais Otto, qui avait pris sa place, menait une vie de débauché ; il tomba bientôt malade, tandis que François-Ferdinand reprenait de la santé et redevenait prince héritier, au grand mécontentement de l'auguste Maison d'Autriche. Quels appétits de puissance ! Ne pouvant se rendre maîtres de la mort, froidement, ils cherchent tout au moins à tirer parti d'elle au bon moment !

Ce Habsbourg est un peu fantaisiste. Les histoires d'amour à l'aide desquelles des princes désœuvrés s'efforcent de combler le vide de leur existence, la tendance de cette famille en décadence à se régénérer dans des amours populaires, la mode de ces archiducs de collectionner des aventures aussi bien que des chiens ou des cannes, tout cela paraît contraire au caractère de cet homme à tête carrée ; il rêve de faire un mariage d'amour, et il est décidé à ne pas permettre à sa propre ambition de déranger l'idée qu'il se fait du bonheur. Il fait choix d'une comtesse, c'est elle qu'il veut épouser, c'est elle qui doit être la mère de ses enfants.

Il y a de cela quatorze ans, exactement, il était en

désaccord avec l'empereur septuagénaire à cause de sa Sophie. Celui-ci disait non. Rodolphe, son propre fils, était mort pour une femme que sa qualité d'héritier du trône ne lui permettait pas d'épouser, – et maintenant un neveu quelconque, qu'il ne pouvait souffrir, non seulement émettait des prétentions à la couronne, mais voulait encore imposer une femme de petite noblesse et appauvrir ainsi la lignée des empereurs légitimes avec un sang inférieur ? Mais le neveu ne cédait pas, résistait au vieillard avec une obstination haineuse, maintenant sa volonté, sachant fort bien qu'on ne pourrait se débarrasser de lui une seconde fois.

Pour finir cependant, deux jours avant ce mariage auquel il ne voulait pas renoncer, il était dans la petite salle du Conseil de la Hofburg, et jurait solennellement devant l'empereur et l'empire qu'aucun des enfants qu'il aurait de cette comtesse de Bohême ne pourrait prétendre à la succession des Habsbourg. Moment plein d'émotion pour un homme que sa piété, son isolement et peut-être sa sentimentalité poussaient au mariage – et qui devait priver de leurs droits les enfants issus de ce mariage, avant même leur naissance !

Ne devait-il pas souhaiter un peu plus chaque année, dans son bonheur conjugal, de parvenir enfin indirectement à légitimer cette compagne dont les enfants, beaux à voir, l'aimaient tendrement ? Il réussit à en faire une duchesse, et chercha à détruire chez les princes ses égaux une prévention qu'il rencontrait encore partout. Les années passèrent ; il eut la grande joie de voir l'impératrice d'Allemagne elle-même accueillir sa femme. Les projets de François-Ferdinand relativement à l'État dépendaient des dispositions de Guillaume II, le puissant allié, et celui-ci avait toujours été aimable pour Sophie ; bien que l'amitié unissant ces deux hommes à peu près du même âge ne fût pas nettement basée sur ce fait, il n'en est pas moins vrai qu'elle eût été impossible si l'empereur avait négligé, méprisé la duchesse. L'archiduc en fut reconnaissant à l'empereur d'Allemagne, parce que François-Joseph, lui, tenait rigoureusement à l'observation de l'étiquette et reléguait sa nièce, à la Cour, derrière les dernières Altesses.

Et l'archiduc, dans son amour et sa morgue, n'avait pas de plus cher désir, précisément, que celui de faire de sa femme une impératrice et de ses fils les héritiers du trône. Il y avait assez longtemps que le vieux souverain le faisait attendre : François-Joseph avait maintenant plus de quatre-vingts ans.

Aussi cette journée et celle du lendemain avaient-elles une grande importance pour l'archiduc : sa femme le rejoindrait en Bosnie, et, après avoir passé en revue les 15e et 16e corps d'armée, il l'emmènerait à Sarajevo ; il fallait que Sophie, pour la première fois, fît ce jour-là son entrée sur le territoire de la Monarchie, et non uniquement à Bucarest et à Berlin, solennellement et comme femme du futur empereur. Il avait imaginé ce coup de surprise, et, la veille encore, il avait fait promettre à ses amis de garder le secret à l'égard de ses ennemis de Vienne.

Les pensées de François-Ferdinand vont avec l'inquiétude de son destin personnel à celui des États. Il pense à l'empereur Guillaume, et ses idées demeurent strictement monarchiques ; il respecte en son puissant ami un légitimisme qu'il a ébranlé par son propre mariage. Il admire aussi l'empereur en tant que chasseur ; tous deux ne restent pas, en effet, comme François-Joseph, toute une journée à la poursuite d'un seul animal, du chamois si difficile à attraper : ils aiment qu'on rabatte le gibier sur eux et, la chasse terminée, ils passent les pièces en revue comme s'il s'agissait de soldats.

D'ailleurs, l'un et l'autre s'estiment pacifiques,

avec raison. Une bohémienne ayant prédit à l'archiduc qu'il provoquerait une grande guerre, celui-ci éclata de rire : il ne pensait pas le moins du monde à des victoires et à des lauriers. Fortifier à l'intérieur cet empire qui menaçait ruine, tel était son désir, et il avait un moyen. Enlever la Transylvanie aux Hongrois qu'il détestait, opérer un rapprochement quelconque avec la Roumanie, accéder à l'ancien désir des Tchèques, se faire couronner à Prague comme à Budapest, transformer le dualisme en trialisme, et même subdiviser l'empire, s'il le fallait, en cinq États confédérés : voilà quel était son plan.

Il est vrai qu'il fallait alors protéger les Serbes, contre les Bulgares à l'extérieur, contre les Hongrois à l'intérieur, débarrasser les Croates fidèles des Hongrois provocateurs et séparer prudemment les populations apparentées, si bien que les Slaves, se sentant à leur aise dans le pays, n'auraient plus envie d'en sortir. François-Ferdinand éprouvait de la sympathie pour les Slaves, sinon pour les Serbes, et, au moment d'atteindre leur frontière, il était en droit de s'attendre à être reçu, ainsi que sa femme, avec des démonstrations d'amitié.

*

Les maisons basses de Sarajevo sont éclatantes de blancheur, le ciel bleu s'étale sur les toits plats, les Bosniaques en habits de fête aux couleurs brillantes sont venus de loin jusqu'à la ville, curieux de voir le prince étranger qui doit bientôt s'appeler leur souverain. Tout le monde est en mouvement, la journée est doublement solennelle : le prince héritier d'Autriche est l'hôte de la Bosnie, pendant que les Serbes célèbrent entre eux l'anniversaire de la bataille de Kosovo, au cours de laquelle, cinq siècles auparavant, leurs pères ont été anéantis – une nation qui, avec des discours et des chants, célèbre toujours sa plus grande défaite, comme un terrible avertissement.

Mais cette année, pour la première fois, c'est un jour de résurrection ; ils ont enfin battu les Turcs et les Bulgares. Et ces centaines de milliers d'êtres que l'Autriche contraint à prendre le nom de sujets parce que six ans auparavant Aehrenthal s'est emparé des deux provinces occupées, la Bosnie et l'Herzégovine, chair de leur chair, sentent redoubler leur colère à l'idée que ce prince héritier étranger veut leur imposer sa présence en signe de domination, en même temps que celle de sa femme, laquelle, là-bas à Vienne, n'est pas bien considérée. Telle est l'explication qui a été donnée à ces bourgeois et à ces paysans par des avocats et des agents.

Des prêtres parlent également aujourd'hui d'une façon vivante et troublante ; ils travaillent les cœurs exaltés de ce peuple aux religions diverses, de cette foule qui emplit les rues de la capitale. Les Croates sont catholiques romains, les Serbes campagnards seuls sont orthodoxes, et depuis bien longtemps, ici aussi, on se demande laquelle est la plus forte, de la religion ou de la race : leur foi les rapproche de l'Europe occidentale, donc de l'Autriche, et le sang de leurs frères serbes. Aujourd'hui nous lui demanderons – pensent les Croates aux multiples couleurs – quand, au banquet du konak, il aura *intus* quelques verres de vin lourd et sucré, si à Budapest on doit continuer à nous traiter comme une bande de voleurs, ou bien si on ne voudrait pas se souvenir à Vienne de notre Jellachich qui mit son épée ensanglantée sur l'autel de Saint-Étienne et sauva l'Autriche des Hongrois rebelles !

– Comme les étrangers sont nombreux dans la ville, songe le chef de la police, un docteur hongrois, pendant qu'il traverse la ville en voiture, et il garde

le silence. La visite devant conserver un caractère
«*purement militaire*», on s'en remet aux troupes
pour la protection du prince ; la police civile, cent
cinquante hommes en tout, doit uniquement maintenir l'ordre comme tous les jours.

— Comme on voit peu de soldats ! songe le chef de
la police, et il garde le silence. À quoi peut bien
penser le ministre de Vienne, s'il ne s'inquiète pas
de la sécurité ? Mais le gouverneur lui non plus n'a
pas donné d'ordre particulier : il ne pouvait former
la haie avec des troupes, dirait-il, l'archiduc vient,
en effet, avec sa femme et ce serait alors lui faire
une réception de prince héritier.

Quatre automobiles traversent les faubourgs à
vive allure ; on entend au loin crier : Zivio, joyeusement et non sauvagement. Les voitures tournent
maintenant au quai Appel : dans la première se
trouvent le commissaire du gouvernement et le
maire, dans la deuxième le prince héritier et sa
femme, sur la banquette, Potiorek, gouverneur de
Bosnie et Herzégovine, assis à côté du conducteur,
un comte Harrach, propriétaire de la voiture, du
corps des automobiles. Dans la troisième et la quatrième, la suite. La foule est dense, les acclamations
augmentent : l'archiduc se sent joyeusement salué
dans la province la plus reculée de son empire ; il sait
que sa femme est près de lui, il la voit remercier en
impératrice la foule qui l'acclame. Il se laisse aller à
une douce ivresse : à cause d'elle, et parce qu'il est
parvenu à force de ténacité à réaliser ce qu'il désire
depuis des années. On approche de l'hôtel de ville.

Soudain, à dix heures et demie, on entend quelque
chose comme un coup de feu à droite de l'automobile, un objet de petites dimensions tombe sur le
bord de la voiture, derrière le couple, et rebondit ;
ce n'est qu'au passage de l'auto suivante que la
bombe éclate avec fracas.

Toutes les voitures s'arrêtent. Deux officiers de la suite sont blessés. L'archiduc envoie du secours, le lieutenant-colonel, gravement atteint, est conduit dans un hôpital. Pendant ce temps, l'assassin s'enfuit sur le pont Miljacka ; on le poursuit et le rattrape sur l'autre rive : c'est un Serbe autrichien, un jeune typographe du nom de Cabrinowic. Dix minutes plus tard, on repart.

Hôtel de ville, réception par la municipalité ; pâle de colère, le prince s'écrie avec hauteur : « *Alors ici on accueille les gens avec des bombes ?* » Personne ne répond. Le maire, épouvanté, prononce un discours qu'on écoute avec impatience. Quand l'archiduc prend la parole pour lui répondre, il constate que sa voix tremble et il fait effort pour l'affermir. Sa femme reçoit les femmes des autorités. Ne sentent-ils pas tous deux le ridicule de cette scène, qu'ils pouvaient espérer grandiose et qui en réalité offre un caractère petit-bourgeois ? Et c'est pour cela qu'on a exposé sa vie à un danger auquel on a à peine échappé, pour que, dans cette maison basse, que quelques tapis ne parviennent pas à rendre solennelle, on prononce deux discours stupides ?

Ils sortent. La foule applaudit plus énergiquement. Le comte Harrach demande avec surprise au gouverneur : « *Votre Excellence n'a pas fait venir de soldats pour protéger Son Altesse Impériale ?*

« – *Croyez-vous, comte, que Sarajevo soit remplie d'assassins ?* » réplique le gouverneur piqué.

Pâle, se contenant difficilement, l'archiduc modifie le programme, désirant aller seul rendre visite au blessé à l'hôpital, pendant que sa femme ira directement au konak, où le déjeuner attend. Mais elle insiste pour l'accompagner ; il acquiesce d'un signe. On décide par prudence de prendre un autre chemin. Le jeune comte Harrach, ne pouvant rien obtenir de mieux, veut rester debout sur le marche-pied de gauche, près de l'archiduc. Mais celui-ci lui dit avec irritation : « *Ne faites donc pas cette sottise !* » Et les quatre voitures se suivent comme avant, elles roulent simplement plus vite.

La foule est encore plus dense, plus agitée, elle crie : Zivio ; mais ce n'est qu'au moment où une vieille femme s'écrie en tchèque : Nazdar ! que les lèvres pâles de Sophie se mettent à sourire. Au commencement de la rue François-Joseph, comprise dans le premier itinéraire, les gens avaient laissé, toujours sans le secours de la police, un espace libre pour le passage des voitures.

« *Par suite d'une fatale méprise* », la première voiture pénètre dans cette rue. Trompé par cette manœuvre, le deuxième chauffeur la suit. Mais le gouverneur, qui venait de répondre d'une façon offensée, Potiorek, sur qui retombe toute la responsabilité, lui crie qu'il s'est trompé et lui commande de continuer par le quai. Et c'est ainsi que le chauffeur ralentit et rapproche sa voiture du trottoir de droite.

Soudain, de ce côté droit de la rue, à moins de trois mètres de distance, deux coups de feu se font entendre. Personne ne paraît avoir été atteint. Le gouverneur, qui constate trop tard que Sarajevo est pleine d'assassins, se lève brusquement et ordonne encore une fois au chauffeur de revenir sur ses pas pour prendre un autre pont. Pendant cette manœuvre, la duchesse s'effondre sur la poitrine de son mari. Le gouverneur entend les deux époux murmurer quelques syllabes. Alors seulement, il lui vient à l'esprit qu'il est peut-être arrivé quelque chose.

L'archiduc cependant est toujours droit sur son siège. La suite accourt. Personne ne remarque encore qu'il est blessé, et, en ce qui concerne sa femme, on la croit simplement sans connaissance. Mais du sang jaillit de sa bouche et il s'affaisse sur le côté; on ouvre son uniforme : là, à droite, le sang sort de la carotide, inondant sa veste verte de général et les coussins de la voiture.

La duchesse, appuyée à lui comme pour lui demander protection, est sans connaissance, bien qu'on ne lui voie aucune blessure. En route pour le bâtiment du gouverneur. On les porte à côté de la salle où les bouteilles de champagne sont à rafraîchir. Les médecins constatent qu'elle est atteinte au bas-ventre et que lui a la carotide coupée. Un franciscain leur donne à tous deux l'absolution, puis vient l'archevêque qui l'avait averti. Un quart d'heure après, l'archiduc François-Ferdinand d'Autriche et d'Este, prince héritier de la monarchie des Habsbourg, est mort. Et quelques minutes avant lui, Sophie, comtesse Chotek, duchesse de Hohenberg, seul être que ce misanthrope eût aimé et que personne ne voulait reconnaître. C'est peut-être à lui que s'adressèrent ses dernières paroles, et à elle les siennes : nul ne les a comprises. Personne ne le regrette. Seuls les enfants pleurent au château du Belvédère.

Cependant, la foule s'était emparée du meurtrier. Il avait absorbé du cyanure, mais l'avait aussitôt rendu. C'était un collégien de dix-neuf ans, de nationalité serbe, et par suite autrichienne. Son nom est doublement symbolique : Gabriel Princip. « Annonciateur ? » Pourquoi annonciateur ? Et annonciateur de quel principe ?

*

Trois heures plus tard, dans la baie de Kiel, un canot automobile se dirigeait vers le yacht impérial *Hohenzollern*. L'empereur Guillaume, en amiral, était debout sur le pont, sous la tente qui l'abritait du soleil, et conduisait les régates. S'il portait le regard un peu à l'est, il voyait quelques bateaux noirs projetant leur ombre noire dans le soleil; ils battaient pavillon de l'Union Jack. Le ministre de la Marine britannique, Churchill, aurait voulu venir avec ces navires anglais qui reparaissaient pour la première fois depuis dix-neuf ans à cette Semaine de Kiel, mais Tirpitz s'était refusé *« à s'asseoir à la même table que cet aventurier »*. L'empereur ne regrettait pas l'Anglais, c'était déjà trop pour lui ce que son ambassadeur lui avait exposé la veille au sujet des idées pacifiques de l'Angleterre. Briand, oui, il l'avait attendu; il se serait volontiers entretenu avec ce bourgeois de Paris, et il l'avait invité par l'intermédiaire du prince de Monaco. Mais il n'était pas venu. Pourquoi?

Prudence, méfiance entre les trois pays. Le petit Italien se tenait de plus en plus sur la réserve. Y avait-il encore quelqu'un sur qui l'on pût compter en dehors du vieux souverain de Vienne?

Mais le canot automobile vient d'accoster. On appelle d'en bas. L'empereur fait signe qu'il entend ne pas être dérangé. Mais l'officier qui est dans le canot n'en tient pas compte, il montre une dépêche, l'enferme soigneusement dans un étui et lance celui-ci sur le pont du yacht, l'officier d'ordonnance le ramasse et reste ensuite immobile devant Sa Majesté. L'empereur apprend alors ce qui vient de se passer à Sarajevo. Il se mord les lèvres et dit : *« Il va me falloir maintenant recommencer depuis le commencement. »* Les régates sont interrompues, la Semaine de Kiel est finie. L'empereur va et vient sur le pont, peut-être songe-t-il :

– Meurtriers de princes! Ces cochons de Serbes m'ont toujours dégoûté! Pas de religion dans le ventre! Quelle tête avait ce Pierre quand j'eus autrefois l'honneur de le voir ! Parvenu au trône par un crime, on ne peut nourrir aucun sentiment pour sa mission ! Absolument impossible chez nous !… Alors c'est le petit Charles qui vient immédiatement sur les rangs. Une nullité complète, mais incontestablement légitime, et difficile à gagner par des gentillesses. Du moment qu'on acceptait cette bonne grosse Chotek à sa table, on faisait ce qu'on voulait de François… Il va falloir aller à Vienne. Mais comment fera-t-on l'enterrement ? Il est impossible qu'on la mette dans le caveau impérial ! Le vieux souverain ne pouvait déjà pas la souffrir. – Au fond c'était un brave garçon. Cinq mille cerfs à quarante-cinq ans, c'est tout de même quelque chose ! Il est vrai qu'il ne comprenait rien aux choses élevées, à la musique et à la poésie, les plus beaux dons de l'humanité, cela l'ennuyait, le dérangeait. À la rigueur, les antiquités. Malheureusement ne savait pas non plus s'exprimer, restait parfois dans un silence timide… Va-t-on faire quelque chose à Vienne parce que le bandit est serbe ? N'en sais rien, ces héros ont toujours peur… Télégramme !

Et il écrit : « J'apprends avec une profonde émotion le crime épouvantable. »

*

Comment cela a-t-il été possible ! s'écrie l'Europe. Malheur aux responsables ! Ils rendront pénalement compte de leurs actes !

Des choses étonnantes se passent, des choses étonnantes sont négligées. L'enquête dure à peine quelques jours, elle est menée d'une façon remarquablement secrète. Y a-t-il donc quelqu'un à ménager ? Qu'advient-il de Potiorek, ce gouverneur qui s'est porté garant de la sécurité et qui, même après la première bombe, prit encore un air offensé ? Qui, dans l'intervalle des deux attentats, n'a pas fait venir de troupes pour protéger son souverain ? Qui, à un endroit critique où on ne pouvait rouler à vive allure, se trompe de chemin, veut reprendre la bonne route, recule et ne remarque pas que le prince et son épouse perdaient leur sang depuis un moment ? À la vérité il ne pourrait se défendre, aussi le laisse-t-on parfaitement tranquille.

Qu'a à déclarer le chef de l'intendance ? Le chevalier de Bilinski, qui en savait, certes, plus qu'il n'était agréable à l'archiduc ? Et ne prendra-t-on pas de sanction contre le chef de la police dont les gens ont laissé « *six ou sept* » individus connus d'eux stationner avec des bombes et des revolvers dans la rue où devait passer le cortège, avant et après la première bombe ? On n'arrête pas un seul agent de police. Il y a donc des gens bien puissants là derrière ?

Le commandant de la place d'Agram a confié par la suite à ses amis – non au tribunal, ce qui rend la chose difficilement contrôlable – qu'au début de juin il avait reçu une dénonciation anonyme émanant de Belgrade et donnant les noms des futurs assassins. Il les transmit au gouvernement croate, et celui-ci au gouvernement hongrois. Mais aucune réponse ne parvint de Budapest à Agram et c'est ainsi que personne ne fut autorisé à observer les criminels en question au moment où ils franchirent réellement la frontière à la date indiquée. Entre-temps, le Dr Gagliardi, juriste d'Agram, vient à la police et donne un avis semblable. Ce procès-verbal laisse encore silencieux le gouvernement hongrois.

Mais tandis qu'on ménage si fraternellement les gens du pays, c'est-à-dire, tandis qu'ils se ménagent les uns les autres, la colère et la vengeance demeurent permises à l'égard des Serbes qui, en tant que nation, doivent être responsables de cet assassinat. Si on pouvait en suivre la trace jusqu'à Belgrade ! Vienne l'espère bien. Il y aurait bien au moins un ministre serbe de compromis, et on pourrait enfin leur tomber dessus ! Découvrez le plus de choses possible ! crie-t-on à la Ballplatz à M. de Wiesner qui part immédiatement pour faire une enquête sur place. Des éléments, monsieur le conseiller de section, contre le gouvernement serbe !

Il cherche, fouille de son mieux ; mais, au bout de quinze jours, il ne peut en conscience télégraphier à Vienne que ce qui suit. Primo : « *Les éléments de l'époque précédant l'attentat n'offrent aucune preuve confirmant une propagande faite par le gouvernement serbe. Mais le fait que du côté serbe ce mouvement est entretenu, avec la tolérance du gouvernement serbe, par des associations, constitue un élément suffisant quoique faible.* » Secundo : « *Que le gouvernement serbe ait eu connaissance de l'attentat ou de sa préparation et ait fourni les armes, il n'y a absolument rien pour le prouver... Il y a au contraire beaucoup d'éléments pour en démontrer l'impossibilité.* » Tertio : « *Les bombes proviennent des arsenaux serbes, c'est indiscutable, mais rien ne prouve qu'elles sont sorties maintenant de ces magasins* ad hoc, *puisqu'elles peuvent provenir des armements des Komitadjis. D'autres manifestations après l'attentat donnent un aperçu de l'organisation de la propagande de la Narodna Odbrana. Il y a là des éléments réellement intéressants à examiner ; de très proches soulèvements sont en préparation.* » Le rapport donne comme seuls coupables à peu près certains des fonctionnaires serbes de frontière et de douane, un commandant serbe et un employé de chemin de fer bosniaque.

Il n'y a donc pas de conséquences politiques à redouter : des Croates et des Hongrois ne doivent pas, des Serbes d'un certain rang ne peuvent pas être accusés.

Là-dessus les meurtriers sont interrogés. C'est l'un d'eux, Cabrinowic, le fils d'un Autrichien de Sarajevo, qui a pris la direction de l'affaire, préparant et initiant son jeune complice; c'est lui qui a passé les armes en fraude à la frontière. Ils ont à Belgrade conspiré avec plusieurs autres personnes contre la vie du prince héritier.

N'était-ce pas une allégorie ? Le jour où l'archiduc devait faire son entrée tombait précisément à la date à laquelle leurs pères avaient autrefois été battus par les Turcs, tandis que le jeune Miloch Obilitch assassinait Murad le vainqueur, et devenait ainsi un héros national à tel point que le nom de Miloch figure encore dans les chants des femmes et des hommes. Devenir un second Miloch – au péril de sa vie !

Princip, élève depuis quatre ans au lycée de Belgrade, allié ensuite aux associations nationalistes et, ainsi, élevé dans des idées de Grande Serbie, jeune homme aux traits sombres et décidés, déclare au tribunal : «*Je tenais l'archiduc pour notre ennemi mortel : il voulait s'opposer à l'unification de tous les Slaves du Sud !*»

C'est pour cela qu'il a résolu de le tuer et de se tuer lui-même ensuite pour que tout demeure secret. Il prend la défense de tous ceux qui sont compromis, refuse de dire des noms pour protéger d'autres personnes. Il n'a jamais tiré avantage de ses opinions : c'est en toute liberté qu'il voulait sacrifier sa vie au plus grand désir de son peuple. Virilement, simplement, il se présente avec l'idéalisme monomane d'un anarchiste. On ne peut lui reprocher que son acte, qu'il a reconnu être le seul moyen. Il est condamné à vingt ans de cellule. Au bout de trois années de sombre cachot, il meurt. Trois autres ont été condamnés à mort et exécutés.

Cependant, le rapport de Wiesner n'est pas livré à la publicité, il n'est même pas communiqué aux alliés : il faut que le gouvernement serbe reste coupable.

Un nuage sombre et menaçant s'étend sur le pays ; des torches jettent des lueurs bizarres sur le chemin boueux devant deux hautes voitures noires où ballottent les cercueils des époux assassinés qu'on ramène au Danube. On les conduit à Arts-tetten, vers la sépulture que l'archiduc lui-même a fait construire. – Il vaut mieux être avec Sophie dans notre terre, plutôt que sans elle dans le caveau des Capucins, avait un jour pensé François-Ferdinand, qui aimait cette femme plus que les marques extérieures de la puissance.

Tout à coup éclate un effroyable orage, on dételle, on attend, on ramène les cercueils dans la petite gare de Pöchlarn. Ils sont là de nouveau, froids et silencieux au milieu des caisses et des malles, comme s'ils ne devaient pas trouver le repos qu'ils cherchaient de jour en jour après un long voyage funèbre. Il est tard quand ils atteignent le Danube qui roule de lourdes vagues battues par la pluie.

Pöchlarn ! Là où le comte Rüdiger était maître autrefois. Et au moment où les cercueils flottent enfin sur le Danube dans un bac noir, l'ombre de Hagen apparaît soudain sur le rivage, puis toutes celles des Nibelungen qui sont là pour accueillir silencieusement ceux qui viennent mille ans après eux.

C'est à ce même endroit où le Danube s'infléchit, qu'un jour une autre conflagration universelle a pris naissance parce que, à Worms, un innocent était tombé.

CHAPITRE II

Les comtes de la guerre

Bien enfoncés dans leur fauteuil, les jambes croisées, deux comtes d'âge plutôt mûr, en complet gris clair bien ajusté, sont assis dans le cabinet de travail rouge et or du ministre des Affaires étrangères de Vienne. Les hautes fenêtres sont ouvertes, et le parfum des tilleuls monte du Volksgarten. Encore à Vienne au début de juillet ? Affaires d'État ? Oui, il s'agit de savoir si l'on peut également porter du tussor ou bien si l'on ne peut aller qu'en gris ; un deuil de cour est toujours fâcheux en été, et le crêpe noir qu'ils ont au bras gauche prendrait sur le jaune une allure par trop austro-nationaliste. Tous deux, au cours de cet entretien, essayent de se donner l'un à l'autre l'impression que leur esprit est porté à la mélancolie : en réalité l'accident de Sarajevo les emplit tous deux de joie.

Les noms de ces deux gentilshommes royaux et impériaux ? Ils sont longs, et l'Histoire ne les appellera que Berchtold et Forgach. Mais, puisque nous les surprenons à un moment historique, le souci de la vérité nous oblige à les présenter. Léopold, comte Berchtold von et zu Ungarschitz, Fratting et Pullitz, ministre de la Maison royale et impériale, ministre des Affaires étrangères des royaumes et provinces unies : tête ovale, menton légèrement pointu, nez fin, yeux fatigués, calvitie précoce, petite moustache surmontant une bouche molle et sensuelle, cyniquement blasé, un des hommes les plus élégants de Vienne, charmeur quand il le veut, charmant quand il le faut, superficiel dans ses pensées, insouciant dans ses actions, incertain dans ses résolutions, donnant l'impression d'être un homme du monde et un sportif blasé, dressant des chevaux pour les courses et le combat plutôt que pour les monter, aimant surtout observer et diriger la vie du haut de la tribune et donner suivant son goût le signal du départ au pur-sang et au général, au soldat et au vulgaire trotteur.

L'autre a un aspect plus viril, type du chef d'escadron de hussards, brun, magyar. Encore un beau nom : comte Forgach von Ghymes et Gacs, jusqu'à ces derniers temps ambassadeur de la Monarchie à Belgrade, où de faux documents, utilisés par l'Autriche dans la lutte contre les Croates, l'induisirent en erreur dans le procès Friedjung ; suffisamment éprouvé par conséquent comme diplomate, pour être maintenant sous-secrétaire d'État de son intime, en même temps qu'ambassadeur secret et extraordinaire de Hongrie auprès du comte Berchtold. C'est lui qui, depuis trois ans, épouvante constamment le ministre vite épuisé : il faut qu'il se passe quelque chose !

L'année précédente, Berchtold s'est rendu parfaitement ridicule. La paix de Bucarest est une faute à réparer : telle est l'idée profonde de l'ambitieux comte. Autrefois grandissait la puissance de trois États des Balkans, principalement de la Serbie. On s'est rendu risible aux yeux des militaires, en mobilisant deux fois pour rien ; si du reste on veut conserver son emploi et sa réputation, la révision est inévitable. Un an auparavant, la Bulgarie avait promis à la Serbie son aide contre l'Autriche, bien que celle-ci soutînt partout la liberté de la Bulgarie. Berlin avait alors manifesté son mécontentement et protégé contre nous la Roumanie et la Grèce, États non slaves. Deux graves échecs pour le ministre !

Voici le moment de prendre sa revanche ! Point n'est besoin d'une belle formule, le prestige suffit avec son clinquant. Il n'y a en somme que des démocrates ennemis des Serbes, derrière la presse juive ? Et le prince héritier avait beau être mal vu de tout le monde, sauf peut-être dans le Tyrol, où la bénédiction papale l'avait rendu populaire, il serait facile de faire crier au peuple offensé : le prestige de l'Autriche est mis en danger par ces traîtres d'assassins de Serbes ! Et voilà le Ballplatz consolidé, Iswolski grince des dents, San Giuliano ne bronche pas, et les Berlinois, qui traitent toujours les Autrichiens de mollassons, en restent bouche bée.

À l'intérieur, le danger augmente de jour en jour : de tous les côtés découragement, haine, passion, obstruction, confusion de langage. Fonctionnaires qui discutent au lieu d'agir. Parlementaires sans courage. Derrière les intellectuels clairsemés des grandes villes modernes, une énorme masse de paysans lourdauds, dont certains ne savent ni lire ni écrire, attachés à la glèbe, chassant encore l'ours en Transylvanie. Ce n'est qu'en faisant ressortir la force de la Monarchie que Kramarz peut montrer qu'elle vit encore ; mais mobiliser une troisième fois et ne pas marcher sur l'ennemi ? Alors les fusils partiront à l'intérieur et il y aura du grabuge. Par conséquent, rien qui ressemble à des victoires diplomatiques ! Chaque fois qu'on les humilie, ces bandits de Serbes sont encore plus effrontés. Depuis le traité de Bucarest, en Bosnie plus qu'à moitié serbe, impossible de respirer. Bilinski, le Polonais, a l'air lui aussi de chercher querelle. Maintenir tout au

moins la neutralité des Roumains, attirer doucement Ferdinand, au cas où Berlin…

Berlin ! Quand semblable occasion se représen-
tera-t-elle ! L'assassinat d'un prince agit sur Guillaume d'une façon automatique : représailles,
comme à l'égard de la Chine, fidélité à la Maison
d'Autriche, poing armé, épée étincelante ! En conséquence en grand uniforme, et que le vieux souverain
écrive lui-même. Mais qui envoyer à Potsdam ? Le
petit Hoyos peut-être ; il est sympathique là-bas, et
il veillera à ce que le vieux Szögyény ne dise pas de
bêtise. Mais comment faire avec le vieux souverain ?
Pour finir, tout cela est en son nom, et si cela éclate
il est capable d'en mourir de peur, alors ce sera le
tour du Petit et tout sera fini. Que pourrait-on
demander à Berlin ? Une alliance générale dans le
genre des Nibelungen ; mais tomberont-ils dans le
panneau ? Là-bas tout est possible. Avec une promesse comme celle-là en poche, on pourrait y aller.
Hötzendorf en grille d'envie depuis cinq ans, et
Krobatin depuis trois. Il disait encore hier « *Il faut
moins d'un mois pour se débarrasser de la Serbie.* »
C'est rapide, la Russie n'aurait même pas le temps
de savoir ce qu'il arrive à sa fille bien-aimée ! Enfin,
tous poussent des soupirs de soulagement en apprenant que Guillaume ne viendra pas aux funérailles :
leurs Très Gracieuses Majestés seraient encore
tombées dans les bras l'une de l'autre avec des
larmes de paix. Tous sont animés du désir de combattre, certains tiennent même la localisation pour
possible.

Des dangers ? Le Russe ne s'est-il pas montré
gentil, il y a cinq ans, au moment où Aerenthal s'est
emparé des deux provinces ? Le grand Russe veut
s'étendre au sud jusqu'à la mer libre, ses droits à ce
sujet sont les mêmes que ceux du petit Serbe : notre
mission historique est donc de les en empêcher tous

deux. S'ils le veulent quand même, comment alors maintenir la paix? Arrive un conflit brutal, alors tant mieux! D'ailleurs ce voleur, cet assassin de Pachitch n'est pas un adversaire à la destruction duquel on doive sacrifier ses vacances. Tandis que le grand jeu contre la Russie, c'est le but magnifique qu'Aerenthal lui-même n'a pas atteint! Dans deux ans le Russe aura fini ses chemins de fer. Qui peut assurer qu'on sera encore là dans deux ans? Allez! Et pour commencer, la lettre écrite par le très gracieux souverain!

Un peu plus tard le comte Berchtold écrit à son ambassadeur à Rome qu'envisager toutes les éventualités des semaines qui vont suivre, c'est s'aventurer dans un labyrinthe: «*Pour le moment j'ai l'impression d'avoir été désigné par la Providence pour faire partie des ministres qui désiraient faire une politique de paix et qui durent – du cardinal Fleury à Lambsdorff – faire une politique de guerre, avec plus de succès que le dernier nommé, il faut l'espérer.*»

*

Le comte Tisza est d'un avis opposé.

Le cerveau le plus capable du pays, le plus puissant en même temps, est contre la guerre de Serbie imaginée par les deux autres comtes. Prononcera-t-il des paroles capables de l'éviter? La raison parlera-t-elle par la bouche de ce Hongrois nerveux? Est-ce là un Européen sérieux, qui, conscient de l'effroyable responsabilité, veut à tout prix empêcher la guerre, uniquement pour l'empêcher?

Il n'a pas l'air d'un pacifiste. Le meilleur escrimeur et le meilleur orateur sans contredit courageux, tenace, cachant sa volonté de domination sous des formes délicates, imbu d'idées traditionnelles sur l'oligarchie, sceptique, en tant que protestant, à l'égard des Habsbourg, complètement fermé à tout ce qui n'est pas la Hongrie : mais dans ce cadre homme d'État connaissant l'humanité, toujours en mouvement, jamais las, le premier partout où il entre. Avec cela, dans ses habits démodés, l'allure d'un instituteur. Et ce maître de la rapière semble porter constamment un masque d'escrime, car d'énormes lunettes mettent son regard inquisiteur à l'abri d'autres regards inquisiteurs. Ses longs silences, ses brèves épigrammes où il unit l'agilité du corps à la souplesse de l'esprit, lui donnent quelque chose des héros de roman d'autrefois, et font une impression intéressante sur les femmes.

Stefan, comte Tisza, fut agité de sentiments complexes quand le télégraphe lui apprit l'assassinat de François-Ferdinand, l'ennemi des Hongrois. Plus de suffrage universel, grâce auquel le prince héritier voulait rompre la prédominance des Magyars sur Allemands, Roumains, Croates, Slovaques ; plus de « *Trialisme* », plus de Yougoslavie indépendante ; un coup de feu avait suffi pour faire évanouir tout cela. Le comte Tisza devait-il au premier moment se sentir vraiment très malheureux ?

Puis l'homme politique eut un instant d'hésitation : l'ambitieux Berchtold ne va-t-il pas voir là un bon prétexte pour attaquer enfin la Serbie, après l'avoir si souvent prise à partie ? Forgach ne va-t-il pas se laisser abuser par ses amis de Vienne ? Rien ne semble plus dangereux à Tisza qu'une victoire sur les Serbes : la conséquence en serait un accroissement du nombre des Slaves dans la Monarchie, par millions, la rupture de la sainte loi constitutionnelle, de l'équilibre entre la Hongrie et l'Autriche au profit de cette dernière ; ce serait aussi inquiéter Croates et Roumains dans son pays, c'est-à-dire

compromettre toute sa politique, basée sur la soumission générale aux Magyars.

Tisza apprend bientôt à Vienne que Berchtold
veut réellement partir en guerre. Il n'y a pas de
temps à perdre, il faut agir sur le vieux souverain et
Tisza écrit à son empereur : «*Je ne puis approuver
l'intention du comte Berchtold de se baser sur le
forfait de Sarajevo pour en finir avec la Serbie. Je n'ai
pas dissimulé au comte Berchtold que je tenais cela
pour une très lourde faute et que je n'y participerais
en rien. Primo, nous n'avons jusqu'à présent pas de
preuves suffisantes pour pouvoir engager la responsabilité de la Serbie et pour provoquer une guerre
avec cet État malgré les éclaircissements plutôt satis-
faisants donnés par le gouvernement serbe. Nous
aurions le* locus standi *le plus mauvais possible, le
monde entier nous regarderait comme ayant troublé
la paix et nous allumerions une grande guerre dans
des conditions extrêmement défavorables. Secundo,
le moment est bien mal choisi à mon avis : les Roumains sont comme perdus pour nous, et la Bulgarie,
le seul État sur lequel nous puissions compter, est
complètement épuisée. Étant donné la situation
actuelle dans les Balkans, ce serait avec un chagrin
immense que je me trouverais en présence d'un* casus
belli *valable.*» Et il recommande de la façon la plus
pressante de rapprocher enfin l'Allemagne de la
Bulgarie, et de profiter de la présence de l'empereur
d'Allemagne «*pour combattre, en évoquant l'horreur des derniers événements, les sentiments de ce
puissant souverain à l'égard de la Serbie, et pour
l'amener à soutenir énergiquement notre politique
dans les Balkans*».

Un petit chef-d'œuvre, cette lettre, une véritable
botte d'escrimeur ; le coup et la parade se succèdent
en une seconde. Menace-t-il en même temps de
donner sa démission, il le fait en qualité de dictateur

de la Hongrie, il menace d'opposer le veto de la Hongrie. On voit que Tisza a la situation en main. Restera-t-il ferme ?

*

Le vieil empereur est rentré dans sa villa d'Ischl aussitôt après les funérailles. Vêtu d'un costume de chasse, il est assis devant le projet de lettre que Berchtold, son ministre des Affaires étrangères, veut qu'il écrive. Si l'expérience formait les hommes d'État, François-Joseph devrait dans sa vieillesse être plus adroit que dans son jeune âge. Après les avoir toutes perdues, il ne veut plus de guerre, mais cela ne le rend nullement pacifiste absolu, et, malgré l'étiquette espagnole et l'isolement dans lequel ce dernier empereur de l'Histoire maintient sa souveraineté, il prête l'oreille à l'appel des siens, prenant en considération et examinant ce que veulent officiers et fonctionnaires, allemands et hongrois, derniers soutiens de son trône artificiel. La mort du neveu ne l'émeut point, il n'avait jamais pu le souffrir, mais son mariage impossible l'a rendu si haïssable à ses yeux qu'en apprenant la nouvelle, il ne vit dans l'assassinat des deux époux qu'un jugement de Dieu et qu'il dit aussitôt à son aide de camp : « *Le Tout-Puissant ne permet pas qu'on le défie !* » Trois jours après cette cruelle sentence il ne pense qu'à courre le cerf, seul plaisir qui lui reste dans la vie pour le dédommager de tout ce qu'il a perdu. Qui régnera après lui, cela ne le préoccupe guère, il pressent bien que cet empire, soumis à tant de forces centrifuges, ne se maintient que par suite du respect général que l'on porte à son grand âge, respect qui va jusqu'à la vénération : sa hauteur, sa dignité interdisent, en effet, toute familiarité avec cet homme né empereur, plus encore qu'avec le tsar de toutes les Russies.

On n'a cependant pas le droit d'être las, il faut veiller sur ce qui se passe dans le pays, et il peut être nécessaire de s'efforcer de parer au danger intérieur au moyen de dangers extérieurs. Il y a quelques jours il l'a dit à l'ambassadeur d'Allemagne, venu pour excuser l'absence de l'empereur Guillaume : « *L'avenir m'apparaît bien sombre… et je ne sais pas si nous pourrons nous contenter encore longtemps de rester simples spectateurs ; j'espère que votre empereur se rend compte lui aussi du danger que le voisinage de la Serbie présente pour la Monarchie ; ce qui m'inquiète tout particulièrement, c'est la mobilisation d'essai qui doit avoir lieu en Russie, à l'automne, c'est-à-dire précisément au moment où nous opérons ici le renouvellement des classes… Avec des gens aussi raisonnables que MM. Venizélos et Streit, on persévérera certainement dans cette bonne voie. Malgré mon peu d'estime pour le roi Ferdinand, il n'en est pas moins vrai que la Bulgarie est un grand pays susceptible d'un notable développement. La Bulgarie est, en dehors de la Grèce peut-être, le seul État des Balkans dont les intérêts ne soient pas en contradiction avec ceux de l'Autriche. C'est pour cette raison que je crois indiqué d'entretenir de bonnes relations avec ce pays… Je sais que votre empereur a pleine confiance dans le roi Carol, ce n'est pas mon cas… Si seulement nous pouvions détacher entièrement l'Angleterre de ses deux amies la France et la Russie !* »

Voilà le clavier, on ne touche que quelques notes, insuffisamment et sans résultat mais les accords sont bien plaqués.

Il a maintenant sous les yeux le mémoire où est exposée la marche à suivre à l'égard de la Serbie. Seuls des souvenirs désagréables peuvent vraiment lui venir à l'esprit, le passé l'amène de lui-même à obéir à la séduction exercée par Berchtold et qui chasse bien loin les avertissements de Tisza. Jadis le dernier des Obrénovitch l'avait désabusé, cet Alexandre qui traita son père Milan en monstre et, par son mariage avec sa Draga, empêcha de prendre parti pour lui. L'assassinat de pareilles gens, au fond, ce n'était même plus un régicide.

Et cependant le vieil empereur avait résolu de le recevoir. Tout était prêt à Budapest, il y avait trois ans de cela, suite, voitures, banquet : et puis tout à coup, le roi de Serbie prit peur et ne vint pas. Voilà ce qu'un Habsbourg ne pourra jamais oublier, pas plus que les deux mobilisations auxquelles il le contraignit. Et c'est un Serbe qui maintenant tire sur un Habsbourg en pleine rue autrichienne, l'envoyant sans confession dans l'autre monde ! Non, Berchtold a raison – et il signe la lettre dont la teneur lui est donnée, et dans laquelle il s'adresse à l'empereur Guillaume en ces termes :

« *L'attentat dont mon pauvre neveu a été la victime est la conséquence directe de l'agitation fomentée par les Russes et les Serbes panslavistes, qui ne cherchent qu'à affaiblir la Triple Alliance et à démembrer mon empire… Il faut que les efforts de mon gouvernement tendent à isoler la Serbie et à diminuer son importance… Mais la paix ne pourra devenir une certitude que lorsque la Serbie… disparaîtra des Balkans en tant que facteur de puissance…, il ne peut plus être question de réconciliation avec elle, et la politique de paix poursuivie par tous les monarques d'Europe sera compromise tant que ce foyer d'agitation criminelle de Belgrade restera impuni.* » Serbophobie : seule haine nationale que l'esprit de la guerre puisse invoquer au début.

La conséquence de cette lettre, c'est la résolution de faire la guerre imaginée quelques jours auparavant par les deux comtes en collaboration avec les militaires.

*

Le lendemain, le vieux comte Szögyèny-Marich, un Hongrois bon enfant, depuis longtemps ambassadeur de l'allié à Berlin, se rend à Potsdam à l'heure du déjeuner pour remettre la lettre de son souverain. L'empereur lit ces longues pages autographes, puis les passe à Bethmann, avec qui il faut qu'il s'entretienne à ce sujet, et on se met à table. Là, il devient communicatif, on parle de beaucoup de choses, l'impératrice est présente.

Après le repas on est dans d'autres dispositions en relisant la lettre, et l'empereur donne libre cours à ses paroles :

« *De toute façon l'attitude de la Russie sera hostile. Que la guerre éclate entre l'Autriche-Hongrie et la Russie, on peut être certain à Vienne que l'Allemagne, en fidèle alliée, se tiendra aux côtés de la Monarchie. D'ailleurs, la Russie est loin d'être prête pour la guerre… Je comprends très bien comme il serait pénible pour l'empereur François-Joseph, dont on connaît l'esprit pacifique, de marcher sur la Serbie, mais, si l'on a vraiment reconnu à Vienne la nécessité d'une démonstration belliqueuse à l'égard de la Serbie, il serait regrettable à mon avis que l'Autriche-Hongrie ne tirât pas parti des circonstances présentes, si favorables pour elle. En ce qui concerne la Roumanie, je veillerai à ce que la conduite du roi Carol soit correcte. Je n'ai et n'ai jamais eu aucune confiance dans le roi Ferdinand… Néanmoins, je ne veux pas élever la moindre objection contre l'acceptation du rattachement de la Bulgarie, conformément aux traités, à la Monarchie.* » À chaque phrase le vieux Hongrois se sent un peu plus heureux. Il rentre vivement chez lui et fait télégraphier les précieuses paroles à Vienne à l'aide du chiffre.

Et cependant il n'a vu qu'une face de l'âme de Guillaume : une adroite mise en scène, d'abord de la raideur, ensuite de la générosité. Avant même d'avoir connaissance de cette lettre autographe, Guillaume a lu, en effet, dans le rapport de son ambassadeur à Vienne, que celui-ci avait mis les comtes belliqueux énergiquement et sérieusement en garde contre trop de précipitation. L'empereur a alors saisi son long crayon surmonté d'une couronne et a écrit à côté de ces sages paroles : « *Qui l'y a autorisé ? c'est idiot ! ne le regarde pas... Après, si ça va mal, on dira que l'Allemagne n'a pas voulu !!! Que Tschirschky veuille bien ne pas faire de bêtise ! Il faut se débarrasser des Serbes, et même bientôt !... Maintenant ou jamais !* »

Qu'est-ce qui mettait l'empereur de la paix dans une telle colère ? Il y avait à peine deux ans, quand les Serbes pénétraient en Albanie pour atteindre enfin la mer, Vienne voulait la guerre. Mais l'empereur se récusa, résumant ses idées dans les mémorables phrases suivantes :

« *L'Autriche a imprudemment opposé aux revendications serbes un ton rude et dictatorial, capable d'agir comme une provocation et d'amener des complications. La Serbie demande à avoir accès et des ports sur l'Adriatique, l'Autriche nie ce désir* a limine. *La Russie paraît vouloir soutenir les aspirations serbes, et pourrait à cause de cela en venir aux mains avec l'Autriche... Le* casus fœderis *joue alors pour l'Allemagne, puisque Vienne sera attaquée par Saint-Pétersbourg – il y a un traité. D'où mobilisation, et l'Allemagne engagée dans une guerre à deux fronts... Paris sera sans aucun doute soutenu par Londres.*

L'Allemagne devra donc jouer son existence contre trois grandes puissances, et on peut envisager le pire.

« Et tout cela parce que l'Autriche ne veut pas voir les Serbes en Albanie ou à Durazzo. Il est évident qu'il n'y a là aucune raison pour l'Allemagne de faire une guerre destructrice, ni aucune possibilité d'enflammer la nation allemande pour une guerre basée sur de tels motifs, et que personne ne peut en conscience prendre la responsabilité devant Dieu et son peuple de mettre l'existence de l'Allemagne aussi légèrement en jeu.

« Il serait très en dehors du cadre d'un traité… de rendre l'armée allemande et le peuple allemand tributaires des caprices de la politique extérieure d'un autre État et de les obliger à être quasi à sa disposition ! Le traité de la Triple Alliance ne garantit que la situation réciproque de chacun des trois États, mais n'engage aucun d'eux à une participation aveugle en cas de conflits relativement à la situation d'autres États ! Le casus fœderis intervient bien si l'Autriche est attaquée par la Russie. Mais à condition toutefois que l'Autriche n'ait pas provoqué l'attaque de la Russie. Le cas pourrait se produire précisément à cause de la Serbie, et c'est ce que Vienne doit absolument éviter. Qu'elle écoute ou fasse des propositions tendant à un accord…

« Si la Russie repousse les propositions qui lui seront faites par l'Autriche avec l'approbation des autres puissances, elle se mettra dans son tort vis-à-vis de Vienne, elle s'attirera le blâme des puissances et se fera soupçonner de vouloir à tout prix la guerre avec l'Autriche ; on dira que l'Albanie n'est qu'un prétexte, que les Russes veulent troubler la paix, et ils provoqueront la colère de tous les gens raisonnables. »

C'est avec cette sagesse d'homme d'État que Guillaume II mit fin à un conflit politique presque identique à tous points de vue à celui de juillet 1914. Le pressentiment que l'Angleterre marcherait, la théorie de Bismarck selon laquelle «*une alliance n'est pas une association industrielle*», l'idée prédominante formulée par l'Europe à l'égard du provocateur, enfin le fait que les Serbes ont besoin de ports tout cela est absolument juste; il lui aurait suffi de le répéter le 6 juillet 1914, exactement dans les mêmes termes employés le 11 novembre 1912! La Constitution permettait à l'empereur d'Allemagne de décider seul de la guerre ou de la paix. Si ce jour-là il avait exprimé la même façon de penser, le Cabinet de Vienne se fût trouvé dans l'impossibilité d'agir et par suite la Grande Guerre eût été évitée à cette époque.

On peut s'expliquer ce changement d'opinion, abstraction faite de la nature psychopathique du souverain, surtout par suite de l'assassinat du prince. Et on comprend aussi la joie des comtes de la guerre, à Vienne, quand, après l'attentat, ils sentirent que le moment était venu d'obtenir l'assentiment du Kaiser dont le veto avait rendu la guerre impossible en 1912.

Mais en ces vingt mois l'état de la question et l'alliance n'ont pas grandi en importance. Le groupe des adversaires était-il plus compact, il fallait alors redoubler de prudence en cas de conflit avant de défier le destin. Et cependant, l'empereur gourmande son ambassadeur, qui s'engage dans la voie que lui-même suivit autrefois, comme on gourmande un cocher qui se trompe de chemin. Pourquoi faut-il aujourd'hui «*se débarrasser des Serbes, et même bientôt*»?

Aujourd'hui un second motif, la vanité, le pousse à la colère: «*On verra que cette fois il ne bronchera pas.*» Et derrière cela il y a l'opinion des généraux, le mutisme gêné de courtisans ardents, le sourire patelin du Kronprinz, les regards silencieux des amiraux, les phrases persifleuses de la presse pangermanique qui, chaque fois qu'on peut espérer avoir la guerre et que le Kaiser se détermine pour la paix, fait doucement remarquer à celui-ci qu'il a autour de lui une armée magnifique, la meilleure armée du monde – mais qu'il n'ose pas.

Intérieurement aussi sa vanité était exaspérée. Bismarck puisait sa fidélité à son roi dans sa foi, comme il le prétendit à plusieurs reprises, la foi de Guillaume au contraire découlait du sentiment qu'il avait d'être le roi. «Par la grâce de Dieu», tel est certainement le véritable état d'âme du Kaiser; et ainsi disparaît son principe féodal fondamental de la nécessité de se croire solidaire de son peuple : il reste seul. Mais, en homme de qualité, il applique cette théorie, qui lui commande le sentiment de sa propre valeur, à tous ses cousins couronnés. En outre, parmi tous les princes, François-Ferdinand était son ami, ou tout au moins paraissait l'être. Et on avait osé assassiner cet archiduc de très vieille race, malgré l'amitié que l'empereur d'Allemagne lui portait ? Par la grâce de Dieu et par la bienveillance de Guillaume – et on l'avait tout de même frappé ? Il se sentit personnellement atteint, et contraint, en tant qu'homme d'honneur, à la vengeance.

Les comtes de la guerre l'avaient bien escompté, eux qui ne pouvaient rien faire sans l'épée de Guillaume.

L'après-midi, le chancelier de l'empire et le sous-secrétaire d'État Zimmermann sont mandés dans le parc du château de Potsdam. Tous deux comme il convient partagent le point de vue du souverain, d'autant plus que celui-ci, «*sans prendre avis du chancelier d'Empire*», a déjà donné ses instructions au sujet de la réponse à envoyer à Vienne : sérieux de la situation, Autriche libre de prendre une décision, ne pas froisser la Roumanie, flatter la Bulgarie, localiser le conflit, devoirs envers un allié dans les moments critiques. Le soir, Bethmann transmet les ordres de l'empereur à l'ambassadeur d'Autriche, mais en ajoutant : « *Le mieux serait encore de marcher immédiatement contre la Serbie.* » Le comte Hoyos est là, il approuve avec vivacité ; il est, en effet, plus jeune et plus ardent que l'ambassadeur et n'a fait que répéter partout aujourd'hui dans les bureaux : « *Nous allons anéantir la Serbie !* »

Dès le lendemain matin, ces messieurs ont des scrupules : Zimmermann écrit une lettre personnelle à l'ambassadeur d'Allemagne à Vienne sur l'intérêt qu'il y a à mettre l'Autriche en garde contre de trop fortes exigences ; mais cette idée juste demeura cachée dans la lettre, la lettre dans l'enveloppe, et l'enveloppe dans la table de travail, où son auteur la retrouva trois ans plus tard quand, au moment de son départ, il bouleversa tous ses papiers. Bethmann fait lui aussi un pas en arrière ; Zimmermann informant, en effet, son ambassadeur à Vienne des conversations de la veille, et disant l'empereur « *fidèle en toutes circonstances à l'Autriche* », Bethmann biffe « *en toutes circonstances* », laissant son souverain être purement et simplement fidèle.

Cette façon d'avancer et de reculer, ces éternelles hésitations de Bethmann, nous les verrons pendant un mois et, ensuite, pendant trois ans. Enfant, cet homme était le premier de sa classe, maintenant, encore, pour se reposer, il lisait les classiques grecs dans le texte, plus tard, jeune homme, il passa brillamment ses examens de droit, puis on le vanta comme un hôte aimable et comme un agréable compagnon de chasse, illustrant parfaitement le mot de Bismarck qui disait que la Prusse formait des conseillers intimes et des préfets excellents, mais qu'elle ne formait pas d'hommes d'État.

*

Le lendemain 6 juillet, le Kaiser part en voyage. Et voilà le souverain en croisière dans la mer du Nord, le secrétaire d'État jouit de sa lune de miel à Lucerne, Herr von Stumm prend des bains de soleil au bord de la mer, les chefs de l'armée et de la flotte sont en villégiature à Carlsbad et à Tarasp, le chef de l'état-major est à Hanovre où il enterre une tante, et dans quelques jours le chancelier sera dans ses terres où le téléphone le tiendra en liaison avec ses services. Est-ce là la conduite d'un gouvernement qui a des idées belliqueuses ? À Vienne et à Saint-Pétersbourg, personne n'avait obtenu l'autorisation de partir !

L'empereur se doutait bien que quelque chose pouvait se produire, sans d'ailleurs le désirer le moins du monde. Mais le chancelier, sous la pression des généraux auxquels quelques semaines de liberté suffisaient pour en arriver à la bataille, éloigna l'empereur – que son instinct poussait précisément à rester –, sous prétexte que le fait de décommander le voyage prévu inquiéterait l'étranger. Toutefois, en prévision du danger, l'empereur veut s'assurer que rien ne sera négligé. Assis sur le même banc de jardin, au cours de ce même après-midi, il reçoit le ministre de la Guerre, et le lendemain matin un représentant de l'amiral en chef absent, enfin un représentant du général chef de l'état-major et du secrétaire d'État de la marine. Jamais un « *Conseil de la Couronne* » ne fut tenu – jamais malheureusement : car alors les chefs auraient pu faire valoir leurs scrupules relativement aux désirs de l'empereur. L'audience de Falkenhayn est courte.

L'empereur lui donne lecture de l'autographe et du mémoire de Vienne, en partie seulement d'ailleurs, ceux-ci étant de douze pages ; l'impression du ministère de la Guerre, «*autant qu'il était possible de se faire une opinion, vu la rapidité de l'entrevue*», est que Vienne n'est pas décidée à faire la guerre, et il dit à Moltke : «*Votre Excellence aura donc à peine besoin d'abréger son séjour aux eaux.*»

Le lendemain matin l'empereur est prêt à partir, et c'est toujours dans le parc du château qu'il donne audience, d'une façon tout aussi brève, aux trois autres personnages. L'empereur dit à Capelle, représentant de l'amiral en chef en congé : «*Je ne crois pas à des complications entraînant la guerre. Le tsar ne prendra pas parti pour les assassins du prince. D'ailleurs, ni la Russie, ni la France ne sont prêtes. Afin de n'inquiéter personne et sur le conseil du chancelier de l'Empire, je pars pour cette croisière dans la mer du Nord. Je voulais simplement vous entretenir de la tension de la situation, pour que vous réfléchissiez aux mesures à prendre.*»

Aucun de ces quatre personnages responsables de la conduite de l'armée et de la flotte ne fut amené à donner son avis. Ces officiers supérieurs ne sont là que pour enregistrer les ordres du chef suprême de la guerre, on ne prend pas de décisions en commun. Le ministre de la Guerre est dans l'obligation de se faire une opinion immédiate sur les intentions de Vienne, et il se trompe parce que le document où figure la menace de guerre ne lui est même pas présenté. L'empereur se trompe lui aussi en ce qui concerne l'ennemi ; ce n'est pas surprenant, tout n'est encore qu'en germe. Seul un détail est net dès à présent : l'armée allemande et la flotte allemande, c'est-à-dire la vie de dix millions d'hommes, sont engagées par la parole donnée par un empereur à un autre empereur, et deux comtes viennois ont dès lors «*carte blanche*» pour en disposer selon leur insouciance et leur inconséquence.

Et le *Hohenzollern* prend la mer. On ne peut atteindre l'empereur qu'au moyen de la télégraphie sans fil, lui ne voit que l'eau, l'air et les visages de ses courtisans : et cela pendant trois longues semaines au cours desquelles les hommes d'État conversent inlassablement et décident du sort de l'Europe.

CHAPITRE III

L'ultimatum

Le lendemain matin à Vienne, les ministres de la Monarchie délibèrent à la Ballplatz. Le comte Berchtold a reçu ces messieurs et les a placés lui-même comme pour un dîner ; il préside avec beaucoup d'élégance : son heure est arrivée. À sa droite est assis le comte Tisza, allure de cavalier, visage impénétrable, à sa gauche un homme immense avec une barbe grise en pointe, ressemblant à Bethmann, mais en meilleure santé que lui : le comte Stürgkh, président du Conseil royal et impérial des ministres, gentilhomme de Styrie qui connaît aussi peu l'histoire qu'il sait comment il est arrivé à cette situation. Ses traits bruns font ressortir la pâleur du visage de renard du chevalier polonais de Bilinski, qui sait tout ce qui se passe dans la Monarchie et sait un peu trop ce qui se passe chez les ennemis de celle-ci : c'est peut-être à cette table l'homme le plus dangereux ; quatre nationalités et cinq ministères sont là à se méfier les uns des autres.

Ces quatre diplomates, en civil, ternes, sont tout disposés à se jeter dans les bras des trois personnages éclatants de vert, de blanc et d'or, assis à la même table qu'eux : le ministre royal et impérial de la Guerre von Krobatin, tête de maréchal des logis chef, grosse moustache, un amiral comme représentant du chef de la Marine, et le baron Conrad von Hötzendorf, figure principale, l'homme qui a amélioré l'armée de l'Autriche, dressé un plan de campagne contre l'Italie, l'homme en tout cas en qui se reflète la fierté belliqueuse de la Monarchie. Trop d'abnégation dans sa physionomie, à côté de traits dénotant de la décision et de l'énergie ; c'est plutôt la tête d'un penseur, en même temps que celle d'un homme qui séduit, les femmes mieux que les hommes.

Le comte Berchtold a tout organisé en vrai gentilhomme et il ouvre ce Conseil de guerre en disant qu'il s'agit de discuter des mesures à prendre «*pour assainir la situation politique intérieure créée fâcheusement en Bosnie et Herzégovine par suite de la catastrophe de Sarajevo*». Puis il expose son point de vue. «*Agir par la force, et rendre la Serbie à jamais inoffensive.*» Collaboration de Berlin «*absolument assurée*». Coup décisif, règlement de comptes et cet aveu non déguisé : «*Je ne me fais pas d'illusion, la guerre ave la Serbie entraînera vraisemblablement la guerre avec la Russie.*» (Le comte rectifie par la suite cette phrase catégorique dans le procès-verbal, et lui donne de sa main cette tournure plus gracieuse : «*Il se pourrait que le fait de prendre les armes contre la Serbie entraînât la guerre avec la Russie.*»)

Réplique du comte Tisza : «*Attaquer la Serbie à l'improviste, sans pourparlers diplomatiques préalables, comme on semble en avoir l'intention, cela n'aura jamais mon assentiment. Il faut absolument formuler des revendications, sévères mais non irréalisables. Que la Serbie accepte et nous enregistrons un succès diplomatique éclatant, notre prestige dans les Balkans s'accroît. Dans le cas contraire je serai également partisan de la guerre, mais j'insiste dès maintenant sur ce point, notre but ne doit pas être le complet* anéantissement de la Serbie, *parce que la Russie s'y opposerait jusqu'à son dernier souffle et parce que, en qualité de président du Conseil des ministres de Hongrie, je ne consentirai jamais à ce que la Monarchie annexe une partie de la Serbie.*» D'ailleurs, la guerre n'est pas à souhaiter actuellement, elle est plutôt à redouter.

Là-dessus Stürgkh et Bilinski s'expriment tous deux en faveur de la guerre, se basant tous deux sur l'opinion tranchante de ce Potiorek qui voudrait régler à coups d'épée les difficultés intestines de la Bosnie. Le ministre de la Guerre se rattache à cette majorité en disant d'une façon aussi bête que typique : «*Un succès diplomatique n'a aucune valeur*»; il est absolument partisan d'une guerre préventive, il veut qu'on commence tout de suite, et il ajoute d'un ton sec : «*Au point de vue militaire, j'insiste sur ce fait qu'il serait plus avantageux de faire la guerre dès maintenant… On a déjà laissé passer deux occasions. Si nous ne nous battons pas tout de suite, les provinces slaves du Sud prendront cela pour une marque de faiblesse.*» Le comte Stürgkh va même plus loin : «*Il serait bon d'éloigner la dynastie serbe et de donner la couronne à un prince européen.*»

L'appétit de lutte du comte Tisza augmente, parce qu'il se voit cerné. Et, comme comtes de la guerre et chevaliers maintiennent à l'unanimité des exigences inacceptables à l'égard de la Serbie, le Hongrois se fait menaçant : «*J'ai été le premier à dire que les revendications devaient être très sévères. Mais si nous laissons voir notre intention de les formuler inacceptables, nous serons dans l'impossibilité de droit de déclarer la guerre. Si on ne tient pas compte de mon point de vue, je ne réponds pas des conséquences !*» Il s'en prend ensuite à Bilinski qu'il rend aussi responsable de l'attentat de Sarajevo.

Les miliaires prennent alors la parole, le ministre de la Guerre dit qu'il est possible de faire la guerre sur trois fronts, il est question des forces dont on dispose et de la « *vraisemblance d'une guerre européenne* ». On se quitte sans avoir pris de décision.

Tisza sera-t-il assez ferme pour éviter la catastrophe ?

*

L'ambassadeur d'Allemagne à Vienne, von Tschirschky-Bögendorff, était intelligent et délicat, méfiant, d'une excellente éducation, d'un bon naturel, du reste pas trop vieux jeu. Il avait bien l'air d'un fonctionnaire, en lui tout était soigné, les cheveux, le regard, la voix. Après avoir été secrétaire d'État, il avait redescendu l'échelle, veillait sur sa situation encore plus méticuleusement que sur sa personne, n'était pas vain et gagnait à être fréquenté.

Il n'avait de rancune qu'à l'égard de la Cour de Saint-Pétersbourg : on l'y avait offensé. Manquant de souplesse vis-à-vis de la désinvolture de la société russe, il lui fallut souffrir à un bal de la Cour qu'un grand-duc s'emparât de la dame dont il était le cavalier et l'emmenât souper avec lui. Doléances, excuses, déplacement. Il n'oubliera jamais cet instant, et sa méfiance lui fait voir là un complot : état d'esprit germanophobe, que d'autres indices plus importants dénotaient à vrai dire aussi bien.

Malgré tout, dans la crise actuelle, son premier mouvement fut une mise en garde contre des démarches trop précipitées. « *Il ne faut pas… perdre de vue que l'Autriche-Hongrie n'est pas seule au monde, que c'est un devoir… de tenir compte de la situation générale de l'Europe.* » Il reçut pour ces sages paroles un soufflet du Kaiser, sous forme d'une note marginale lui reprochant sa « tiédeur » ; à cela s'ajouta son ancienne rancune contre Saint-Pétersbourg et le peu d'importance de son poste qui occupait deux princes plus musiciens qu'hommes politiques. L'ambassadeur eût mieux fait de démissionner que de jouer à l'homme fort sur l'ordre de Berlin ; il resta et changea de tactique.

En dehors de la méfiance qu'il avait à l'égard de l'allié, il n'avait personnellement aucune sympathie pour Berchtold ; il se fit cependant annoncer et déclare « *sur l'ordre de mon impérial souverain, avec toute l'énergie désirable, qu'on s'attend à Berlin à ce que la Monarchie agisse contre la Serbie, et qu'on ne comprendrait pas en Allemagne* », que Vienne n'agit pas à l'instant. Le langage du Saxon a tout à coup pris une tournure prussienne.

Berchtold transmet aussitôt ces précieuses paroles à son ennemi Tisza en faisant usage du tutoiement obligé. Mais celui-ci demeure toujours inflexible. Bien plus, il expose son point de vue à l'empereur dans une lettre énergique.

Mais l'empereur avait quatre-vingt-quatre ans, et l'éloquence élégante, les tournures cérémonieuses de Berchtold eurent plus de poids que la lettre du Hongrois absent. Conséquence, tandis que Tisza à Budapest exposait sa politique de paix aux ministres de Hongrie qui l'approuvaient tous, François-Joseph ratifiait le projet de guerre de son ministre des Affaires étrangères.

Et quand le comte Tisza revient à Vienne une semaine plus tard, il pense tout différemment. Qu'est-ce qui a bien pu agir sur son âme, sur son cerveau, d'une façon aussi forte ? Peut-être espère-t-il, grâce à la guerre, gagner les élections qui, malgré les millions de couronnes dépensées à des fins de corruption, menacent dangereusement l'oligarchie de Budapest ? Peut-être s'est-il laissé toucher par ses cousins, grands propriétaires féodaux, qui voudraient bien profiter de l'assassinat de leur prince héritier pour combattre leurs concurrents menaçants, les porcs serbes ? Certaines rivalités personnelles l'ont également empêché, dans cette situation extraordinaire, de consulter l'opposition, fût-ce même secrètement.

Une chose est certaine : entre-temps, il a lu un document menaçant, un appel impérieux de l'état-major au ministre des Affaires étrangères, qui à vrai dire fait abstraction de décisions politiques, *« je veux seulement insister sur les points que j'ai déjà exposés verbalement, pleinement d'accord avec Votre Excellence : il faut éviter toutes démarches et mises en scène diplomatiques qui, en faisant traîner les choses en longueur, donneraient aux adversaires le temps de prendre des mesures militaires... Si on se décide à une démarche, alors, en considération des intérêts militaires, celle-ci devrait être faite en une seule fois et sous la forme d'un ultimatum à courte échéance... ».*

On comprend l'intention, et on change d'avis. On entend le ton menaçant pris par le général à l'égard du diplomate, ton commandé par ce dernier en vue de gagner le Hongrois hésitant. Il est évident que cette lettre est la suite de conversations confidentielles, elle a même été rédigée si rapidement qu'on a oublié la date ; celle-ci n'a dû être ajoutée que bien des années plus tard. Pendant quinze jours, Tisza entendit constamment les mêmes mots : prestige, montrer sa force, indice de faiblesse, déblayer, agir ; là-dessus fanfares réitérées de Berlin, séduction exercée par Berchtold répétant qu'on avait l'appui de l'armée la plus forte du monde, que Berlin laissait *« carte blanche »* ; enfin, la menace non déguisée du chef du parti militaire : c'est toi que nous rendons responsable de faire traîner les choses en longueur ! Il n'aurait pas fallu qu'il fût officier, il aurait fallu qu'il fût un pacifiste convaincu, qu'il ne vécût pas au milieu de ces seigneurs féodaux, pour pouvoir lui résister !

C'est ainsi que le dernier ennemi des comtes de la guerre se laissa convaincre. Tisza se rend alors à l'ambassade d'Allemagne et déclare être partisan de l'ultimatum. Le lendemain, il donna au Parlement de Budapest des explications tellement ambiguës que *Le Temps* de Paris va même jusqu'à louer sa modération.

À Vienne, où aucun parlement ne troublait ceux qui poussaient à la guerre, l'opinion publique n'en fut que plus violemment excitée. La majeure partie de la presse exhale sa rage contre les Serbes, contre cette « *canaille* », ces « *bandits* », ces « *assassins* », ces « *voleurs de moutons* », cette « *bande de pouilleux* », et cela au milieu du mois beaucoup plus qu'au début ; comme, dans les feuilles de Belgrade, on s'exprime dans des termes équivalents, on se demande qui a commencé. Cette question ne comporte pas de réponse : c'est consulter l'oracle de Delphes au sujet de la guerre, toute solution convient, aucune n'est suffisante.

Les comtes se mettent à l'œuvre dans le plus grand secret, comme des francs-maçons, si bien que l'ambassadeur de Serbie à Vienne ne peut que continuer à pressentir un événement, sans savoir lequel. Hötzendorf avait d'ailleurs recommandé dans sa lettre « *d'éviter tout ce qui serait susceptible d'alarmer trop tôt l'adversaire ; il fallait au contraire faire preuve à tous égards d'intentions pacifiques* ».

Annoncer la représentation la veille pour le lendemain, et jouer immédiatement : on trouvait cela vraiment très adroit.

– Savez-vous quelque chose ?, se demandent les diplomates étrangers, quand ils se rencontrent chez Sacher, car Berchtold a cessé de recevoir toutes les semaines comme il en a l'habitude. Et, bien qu'ils n'entendent rien dire, ils apprennent quand même différentes choses ; ils devinent, combinent, critiquent.

– Je vous assure, Excellence, il n'y a qu'une personne qui sache quelque chose, c'est Tschirschky, mais il ne dit rien.

– Il paraît que Stürgkh a l'air très soucieux ?

– J'ai croisé Brudermann en voiture, il rayonnait.

– Schebeko a déclaré publiquement qu'il prendrait parti pour la Serbie s'il arrivait quelque chose.

– Schebeko ne part-il pas demain en congé ? Il n'a donc rien à redouter ?

– Dumaine se contente de sourire.

– Dumaine sourit toujours.

Tschirschky garde, en effet, le silence sur tout, parce qu'il ne sait pas grand-chose, ces messieurs gardant leur secret même à l'égard de Berlin. Quelle chance que les Allemands, consultés d'une manière générale au sujet de l'ultimatum, aient répondu noblement : cela ne regarde que l'Autriche ! Comment auraient-ils le temps de s'occuper de ces choses aujourd'hui, alors qu'un tout autre problème domine dans les bureaux de Berlin : demain, c'est l'anniversaire du roi de Serbie, faut-il lui télégraphier, ou non ? L'ultimatum ? Cela ne regarde que l'Autriche ! À deux doigts de la Grande Guerre, les diplomates des villes impériales vont poliment faire antichambre ; à la porte ils se rangent et disent en même temps : « Après vous, Excellence ! »

On fait savoir à Berlin qu'on demandera au roi Pierre de publier un manifeste contre l'agitation panserbe, de rechercher en collaboration avec l'Autriche les responsabilités morales de l'attentat, et de sévir contre les gens de Belgrade compromis. Ces trois revendications non formulées ont été connues de Bethmann à Hohenfinow, de Jagow à

Berlin, de Tirpitz à Tarasp, et du Kaiser en mer, de onze à cinq jours avant l'ultimatum. Personne cependant n'a de méfiance, personne ne demande d'explications, personne ne réclame de texte écrit.

L'ambassadeur d'Autriche à Berlin va même jusqu'à dire à Vienne : «*L'empereur et tous les milieux allemands influents encouragent nettement le Cabinet de Vienne à faire preuve d'énergie à l'égard de la Serbie et à en finir une fois pour toutes avec ce foyer de conspirateurs et de révolutionnaires; tous laissent à la Monarchie le choix des moyens; on pourrait presque dire qu'ils poussent la Monarchie à agir.*» Berchtold assure «*qu'il ne saurait être question ici d'hésitation ou d'indécision*». D'ailleurs la rédaction définitive sera soumise auparavant au gouvernement allemand.

Cependant, une ombre prématurée s'étend sur les appétits guerriers de Vienne : et si ces bandits de Serbes allaient tout accepter ! Que ferait-on alors ? «*Il faudrait voir alors,* écrit l'ambassadeur de Bavière, *si on a bien l'intention de morceler la Serbie. Mais on ne veut pas en venir à cette éventualité, et on va présenter la note sous une forme inacceptable… On dit que, si la Russie ne consent pas à la localisation du conflit, on ne se retrouvera jamais dans des conditions aussi favorables pour un règlement de comptes.*»

Suicide par peur de la mort, disait Bismarck.

*

Ces nouvelles inquiètent un peu le Cabinet de Berlin. Un homme intelligent est de nouveau à son poste. Comme il n'est nullement romanesque, même après son voyage de noces, il paraît disposé à devenir un cynique. M. de Jagow était secrétaire d'État; c'était un homme plutôt petit, aux traits durs et incolores sous lesquels on croyait voir l'ossature de la boîte crânienne, une nature dénuée d'illusions, mais dénuée aussi de préjugés, un réaliste, prudent, connaissant les hommes.

Il voit aussitôt le danger que présente l'espèce de blanc-seing de l'empereur, et il dit à ce moment à Krupp von Bohlen : «*Jamais je n'aurais procédé ainsi. Mais maintenant que le Kaiser a défini son attitude, il n'est plus possible de manœuvrer contre Vienne.*» C'est là la tournure classique donnée à la question dominante ; enfin, une voix sceptique se fait entendre à la Wilhelmstrasse! Mais celui-là non plus ne va pas trouver l'empereur pour lui dire : «Sire, je ne peux pas rester à votre service»; il accepte la succession du 5 juillet, jour où le monarque a prescrit à son chancelier la politique à suivre.

Jagow a cependant des idées. Il prie Ballin, dans cette crise, d'envoyer un avis à Haldane en vue de fortifier les résistances du Cabinet de Grey à l'égard d'un accord en préparation avec la Russie relativement à la flotte. En ce qui concerne la question dominante, il est de l'avis des autres. Voici l'état d'esprit des Bureaux à la veille de la note, tel qu'il est dépeint par l'ambassadeur de Bavière :

«*Une intervention énergique et couronnée de succès contre la Serbie aurait pour résultat de donner aux Autrichiens et aux Hongrois l'impression qu'ils sont redevenus une puissance... C'est pour cette raison qu'on n'a pas hésité ici à déclarer qu'on approuverait toutes les démarches qu'ils décideraient de faire là-bas, fût-ce au risque d'avoir la guerre avec la Russie... Il semble qu'à Vienne on n'ait pas attendu une bienveillance aussi complète de l'Allemagne pour la monarchie du Danube, et on a l'impression qu'on trouve presque désagréable à Vienne de n'être pas exhorté par l'Allemagne à une prudente réserve... En vue de localiser la guerre, dès que la note autrichienne sera remise à Belgrade le Reich entamera des négociations diplomatiques auprès des grandes puissances. On affirmera, l'empereur étant en croisière dans la mer du Nord, le chef de l'état-major et le ministre de la Guerre de Prusse étant en congé, être tout aussi surpris que les autres puissances par la démarche de l'Autriche...*

« Il n'est pas question non plus de mobiliser les troupes allemandes, et on s'efforce également d'obtenir que l'Autriche ne mobilise pas toute son armée et en particulier les troupes de Galicie, pour ne pas provoquer automatiquement la mobilisation de la Russie, ce qui nous obligerait, ainsi que la France, à prendre de semblables mesures, et amènerait une guerre européenne... Si on en arrivait là cependant, on pense ici que nos cousins les Anglais prendraient position auprès de nos adversaires. » Cette lettre de diplomate, où les rôles de tous les États d'Europe sont nettement distribués d'une façon émouvante, se termine par un trait d'esprit de Parisien.

Tel un vulgaire bateau de touristes, le vaisseau de l'État est emporté par le courant au milieu des remous et des écueils ; personne n'a la moindre envie de ramer, parfois une main se pose sur le gouvernail, mais c'est uniquement afin de ne pas échouer à la rive. Pas un diplomate allemand ne veut d'une guerre européenne, tous espèrent en réalité que les choses vont se passer sans bruit ; le rapport dit, en effet : *« L'Autriche-Hongrie, par suite de son irrésolution et de son étourderie, est réellement devenue l'homme malade de l'Europe. Aussi est-il fort douteux qu'à Vienne on se ressaisisse. »* Ainsi l'un des deux empires doute que l'autre se décide à agir, pendant que ce dernier est effrayé de voir ses projets encouragés par le premier : tous deux souhaitent rencontrer des empêchements qui les dispenseront d'en venir aux actes et leur permettront de rejeter les conséquences sur l'autre. Aucun ne croyant vraiment à ses résolutions, chacun se fie entièrement à l'autre et espère que la répugnance des adversaires permettra à tous deux de se tirer d'affaire.

Jagow se ressaisit un moment sur ce bateau à la dérive dont il devrait tenir le gouvernail, et il risque une question. Il fait doucement demander à Vienne « *ce que les hommes d'État austro-hongrois pensent de la situation à venir de la Serbie... Il serait intéressant pour nous d'avoir quelques idées à ce sujet, et de savoir où cela doit nous mener* ».

Mais les rusés Viennois ne sont pas enclins à montrer noir sur blanc à leurs amis l'effroyable chose qu'ils ont projetée, avant qu'elle soit irrévocable. Ils font patienter l'ambassade d'Allemagne, promettant à plusieurs reprises une réponse pour le lendemain. Le baron, qui se réserve le ministère pour la rédaction de ses ultimatums et autres manifestes de ce genre, est dans l'obligation de modifier quatre fois la note avant d'obtenir l'approbation du conseil des ministres. On se heurte encore une fois à Tisza qui veut dès maintenant assurer sa Hongrie contre l'Autriche en faisant spécifier par écrit qu'on renonce à des conquêtes ; exactement comme un prince héritier qui va se mésallier, et qui doit renoncer à tous les droits de ses enfants, avant leur naissance. Berchtold faisant connaître son intention de morceler en grande partie la Serbie au profit des États limitrophes, Tisza remet tout en question avec la plus grande énergie. Le comte Stürgkh revient à sa marotte : il veut la destitution de la dynastie serbe. Le comte en veut à cette famille. Pour finir on s'accorde, on gardera tout au plus les points stratégiques.

C'est ainsi, comte Berchtold, que l'hostile ami que vous tutoyez veut vous ravir les plus beaux morceaux du superbe butin au sujet duquel vous troublez la tranquillité de l'Europe, et cela avant même qu'un coup de feu n'ait été tiré ? Mais le ministre sourit du sourire de Metternich. Un ministre veut conquérir un pays ennemi. Son collègue a des raisons pour redouter qu'un tel accroissement de la patrie ne renforce la moitié de l'autre : aussi Tisza s'assure-t-il contre le danger que la victoire menace de présenter, il déverse sur lui-même et sur l'autre, indigné, les flots d'une morale pacifiste, d'après laquelle on peut châtier le coupable mais non le dépouiller.

*

Enfin, la note est prête. Elle est très longue ; on exige tout d'abord du roi de Serbie une déclaration écrite, dont le texte lui est donné, désarmant l'agitation panserbe, déclaration destinée à paraître immédiatement dans le *Staatsanzeiger*, exactement comme l'offensé qui a le droit de publier dans les journaux le jugement rendu en sa faveur. Suivent dix revendications, dont cinq relativement à l'agitation : répression de la propagande dans la presse et les associations, suppression du *Narodna*, contrôle de l'enseignement donné dans les écoles, renvoi de tous les officiers et fonctionnaires compromis dont Vienne donnera les noms, participation du gouvernement impérial et royal à l'enquête, c'est-à-dire qu'une proscription commune doit être possible, comme l'Autriche l'a fait cent ans auparavant de concert avec la Prusse dans les décrets de Carlsbad en vue d'empêcher toute fusion de peuples et d'États allemands. Suivent les points relatifs à l'attentat et à l'enquête, à laquelle participeront des fonctionnaires autrichiens.

Tels sont les principaux paragraphes de l'ulti-matum. Les dernières prescriptions rigoureuses ont été ajoutées au crayon par le comte Forgach, au moment d'expédier la note. Des organisations publiques, des opinions, des sentiments, sont ainsi mis en présence d'un tribunal partial, avec un délai de vingt-quatre heures pour accepter sans condi-tion. La chose devait être présentée à Belgrade de telle façon que l'avis qu'on transmettrait à Saint-Pétersbourg y parviendrait après le départ du pré-sident de la République française, précisément au terme de sa visite ; les heures ont été calculées. Au dernier moment Jagow apprend que Poincaré ne quittera Saint-Pétersbourg que le soir, non dans l'après-midi, et Berchtold fait passer sa note une heure plus tard. Tous deux travaillent ainsi épaule contre épaule, l'Allemand s'inquiétant de l'instant où l'on remettra une note qu'il ne connaît d'ailleurs pas mais qu'il s'est engagé à approuver. Une même pensée unit ces deux hommes d'État, il ne faut pas que Français et Russes puissent s'entretenir à ce sujet, il faut que le Français soit en pleine mer, quand l'ambassade lui fera parvenir la nouvelle. Quelque chose d'un peu âpre et en même temps d'un peu piquant par son imprévu danse devant les yeux du comte Berchtold, « une note à la surprise * ». Il sait que cette omelette, son chef-d'œuvre, est un ultimatum à l'Europe. Son vieil empereur voit clair lui aussi : après avoir pris connaissance de l'ulti-matum, il dit à Bilinski : « *La Russie ne peut pas accepter cela... Il ne faut pas se faire d'illusion : cela va donner une grande guerre !* »

C'est le jeudi soir que les Serbes doivent lire la note ; pendant près d'un mois des bruits confus ont

---

* En français dans le texte.

énervé les deux pays et exaspéré leur presse. Deux jours avant, enfin, l'ambassadeur d'Allemagne à Vienne a le document en main. Ne prend-il pas peur ? Ne se précipite-t-il pas au téléphone pour faire un rapport exact à ses supérieurs de Berlin et leur demander des ordres en vue d'empêcher l'envoi de la note sous cette forme ?

Il ne la transmet même pas télégraphiquement, elle est vraiment trop longue à chiffrer. L'Autriche va la remettre demain, et il ne peut tout de même pas « *compromettre son chiffre* » avec un écrit que le monde entier va bientôt lire.

Et les vingt-quatre heures décisives s'écoulent sans qu'on en profite.

Ce n'est que le lendemain dans l'après-midi que le vieux comte hongrois apporte le papier au secrétaire d'État allemand ; son chef de Vienne lui a manifestement recommandé de différer la chose jusqu'au dernier moment. Jagow prend maintenant connaissance de la traite qu'il avait signée en blanc, avant de savoir quelle somme allait y être inscrite, et que le Kaiser, sans consulter personne, avait avalisée les yeux fermés deux semaines auparavant. Il sursaute et dit : « *C'est tout de même un peu fort !* » Et le vieux comte lui répond la phrase classique : « *Ah ! il n'y a plus rien à faire ! La note sera remise ainsi à Belgrade demain matin !* »

– Il n'y a plus rien à faire, pense Jagow. Bethmann le pense aussi, lui à qui même l'assaisonnement de Vienne ne parvient pas à délier la langue. Et ils ne remarquent pas que le vieux Hongrois se joue encore une fois d'eux, relativement à l'heure de la remise de la note ? Et même s'il ne fait que se tromper, pourquoi ne pas intervenir ce soir encore ? L'empereur est en mer il est vrai et on ne peut l'atteindre aussi rapidement ; mais en une demi-heure ils pourraient parler avec Vienne, en deux heures Vienne pourrait parler à son ambassadeur à Belgrade. Bethmann, Jagow, Zimmermann sont unanimes à déclarer la note « *trop forte à tous points de vue* », mais aucun d'eux n'a l'idée de modifier la circulaire qui a été télégraphiée hier et aujourd'hui aux ambassades d'Allemagne à Saint-Pétersbourg, Paris et Londres, donnant des instructions à celles-ci pour l'attitude à prendre vis-à-vis des Cabinets de ces capitales. Cette circulaire dit que l'Allemagne tient la note de son alliée pour « *juste et modérée* » : voilà ce qu'on avait dit avant même de prendre connaissance de cette note. Et ces messieurs laissent subsister cette adhésion pure et simple à l'ultimatum lancé à l'Europe : on s'avance en protecteur de l'Autriche devant l'Europe, bien qu'on blâme la note.

Mais quelqu'un parlant le lendemain au comte Berchtold des dangers présentés par son ultimatum, de sa main aux ongles soignés il esquissa dans l'air un geste doctoral, secoua un peu sa tête lasse et rectifia poliment : « *Pardon, Excellence, ce n'est pas un ultimatum, c'est une démarche à délai limité.* »

CHAPITRE IV

Ceux qui furent épouvantés

Un homme est couché dans un affreux lit
d'auberge, quelque part en Serbie : ses cheveux
grisonnent, son visage est énergique ; il est sombre,
ridé, ébranlé par la vie, mais on ne viendrait pas
à bout de lui. Il vient de prononcer son énième
discours électoral, au milieu des cris de « Zivio »
poussés par ses partisans, il rentre, demain matin il
poursuit son voyage, il est fatigué, la poussière, la
chaleur, les cris, les interruptions, mais il ne peut
s'en dispenser. C'est Pachitch, président du Conseil
royal des ministres de Serbie.

— Il faut que cela arrive, songe-t-il les yeux fixés
sur la muraille. Ça ne peut pas durer plus de
quelques jours. Et cette damnée tournée électorale
juste maintenant ! Là-bas évidemment, à Vienne, ils
ont moins de mal. Sa Majesté nomme quelqu'un, il y
a un palais tout prêt, et même une résidence d'été,
et, tant que le front du très gracieux souverain ne se
couvre pas de nuages, le ministre se chauffe au soleil
de sa grâce. Nous autres, il nous faut à tout bout de
champ encaisser cette soi-disant faveur populaire.
Comme le Romain de cette pièce de Shakespeare
que j'ai vue un jour, comment s'appelait-il donc ?
J'étais à cette époque à Zurich comme ingénieur.

– Chef des radicaux pendant trente ans, et continuer à faire des tournées électorales ! N'était-on pas plus libre au fond, jeune fugitif en Bulgarie, en Suisse, condamné à mort, mais tranquille ? La Russie tiendra-t-elle sa parole cette fois ? Le tsar me l'a solennellement promis l'année dernière : « *Dites à votre roi que pour la Serbie nous ferons tout !* » Mais le pauvre ne connaît rien à la politique ! Iswolski est parti, Hartwig est mort, il n'y a pas de confiance à avoir en Sazonov.

Et dans son esprit à demi endormi passent les événements de ces derniers temps, auxquels il a songé plus de cent fois et sur lesquels il règle ses projets. Il est possible qu'il pense à Bismarck : ne lui a-t-il pas fallu aussi trois guerres pour unifier les peuples de sa race ? Lui, Pachitch, en avait précisément fait deux déjà, son pays était devenu près de deux fois plus grand ; les vieux ennemis, Bulgares et Turcs, étaient battus. Pourrait-il maintenant, avec l'aide de la Russie, s'en prendre à la vie de la Monarchie ébranlée : les derniers Slaves du Sud s'uniraient alors aux Serbes et le vœu de quinze millions d'hommes, le rêve de cinq siècles, serait comblé ! Il avait toujours été l'ennemi de la nation serbe, ce Bismarck qu'il prenait précisément pour modèle, qui jadis à son Congrès de Berlin avait bien repris la Bosnie aux Turcs mais ne l'avait pas rendue aux Serbes ! Il avait pris aux Français deux provinces de race mixte, pourquoi n'en ferait-on pas autant à l'égard de l'Autriche avec deux autres provinces qui n'appartenaient à l'Autriche ni de droit, ni par la race ?

En se promenant, cet orgueilleux comte de Vienne empoche froidement deux pays qu'il était censé seulement administrer sous le regard de l'Europe. En quoi le bouleversement de la Turquie l'y a-t-il plus autorisé que la Serbie ? Vous pouviez nous contraindre à vous faire des excuses parce que vous aviez volé une portion de territoire aux Turcs, mais nous pouvons penser ce que nous voulons ! Ils sont nombreux les peuples d'Europe qui sont devenus libres après s'être battus contre l'Autriche.

Un coup frappé à la porte interrompt sa rêverie : un télégramme de Belgrade. Ultimatum de l'Autriche. Retour immédiat !

*

Il y a trois semaines, au moment où, trois heures après l'attentat, la nouvelle éclata à Belgrade, l'homme le plus intelligent de la ville s'était écrié : « *Dieu veuille que ce ne soit pas un Serbe !* » Lui-même n'était d'ailleurs pas un Serbe, et en invoquant Dieu il mentait car depuis des années il souhaitait la guerre et attisait le conflit : il voulait, de Belgrade, conduire la Russie victorieuse à Vienne. C'était von Hartwig, le ministre de Russie, visible de loin, car son souverain le tsar était l'étoile polaire au ciel de l'espérance serbe. Le soir de l'attentat, il avait des invités chez lui : l'ambassade de Russie, brillamment éclairée, eut un air de fête.

Le lendemain, Hartwig se rendait chez son collègue d'Autriche. On est silencieusement hostile, mais on se serre la main d'Excellence à Excellence, avec des condoléances.

– Bientôt le règlement de comptes, pense le Russe austrophobe.

– Canaille ! pense l'Autrichien russophobe.

Au même moment Hartwig tombe de son siège : en deux minutes il est mort.

– Extrêmement désagréable, précisément chez nous ! songe le jeune baron, sans saisir le symbole de cette scène. Les peuples le comprendront-ils ?

Les premiers jours qui suivirent l'attentat, tous les milieux de Belgrade furent très accablés. Il n'y avait que quelques semaines que les assassins étaient partis d'ici, avec des armes qu'ils avaient pu se procurer grâce à des officiers et à des fonctionnaires serbes. Le gouvernement avait même vaguement entendu parler d'un attentat en cours d'organisation. On sentait que tout le monde, les ennemis surtout, croirait à une complicité morale. Des négociations économiques avec la Monarchie étaient précisément sur le point de se conclure. Pendant tout le mois de juillet un cauchemar tourmenta les Balkans. On sentait de nouveau l'opposition de deux races et de deux civilisations derrière lesquelles se tenaient deux puissances militaires ; l'ancienne rivalité de l'Autriche et de la Russie ébranlait ce coin de l'Europe. Les journaux condamnèrent d'abord l'attentat, mais dès le lendemain l'ambassadeur de Serbie à Saint-Pétersbourg fit preuve de manque de tact et d'inconséquence en disant à la presse que ce crime provenait du mécontentement de la Bosnie. Là-dessus une fusée partit à la fois à Belgrade et à Vienne, provoquant dans la presse un feu d'artifice d'injures auquel aucun des deux gouvernements ne mit une fin, parce que tous deux se laissaient volontiers éclairer par des feux de bengale.

Au jour dit, tout est prêt à l'ambassade d'Autriche. Depuis le matin Giesl s'étudie à prendre une attitude historique : entre quatre et cinq heures, tel est l'ordre de son souverain. Tout à coup arrive un télégramme de Vienne : Poincaré ne devant quitter Saint-Pétersbourg qu'à onze heures du soir, Giesl est prié de remettre la note « *au plus tôt quelques minutes avant cinq heures* », et de télégraphier immédiatement s'il le fera à cinq heures ou seulement à six. L'agitation de Giesl augmente : la destinée des peuples tient parfois à une heure, et, bien qu'il lui suffise de téléphoner ici qu'il viendra à six heures, il ne se départit pas de son rôle de tragédien et télégraphie qu'il «*mettra tout en œuvre pour s'acquitter de sa démarche à six heures seulement*».

Héritier de Metternich !

À six heures remise de l'ultimatum. Le ministre des Finances, remplaçant Pachitch : «*Il va à peine être possible de réunir aussi rapidement le Conseil des ministres au complet, plusieurs ministres sont en voyage !*»

Giesl avec un sourire : «*Au siècle des chemins de fer, du télégraphe et du téléphone, vu la grandeur du royaume cela ne devrait pas être difficile à réaliser.*» Phrase historique.

*

L'effet produit est effroyable. Deux heures après toute la ville sait que l'Autriche veut la réduire en cendres. Panique, on accorde créance à tous les bruits, tous les chefs sont soi-disant morts, destitués ou bannis. Tout le monde est d'avis de repousser l'injonction, mais on désespère peu à peu, car on se sent abandonné.

Le lendemain matin Pachitch arrive. Conférence jusqu'au soir, sans résultat. Pourtant on se ressaisit ; il presse le prince héritier de télégraphier à Rome et surtout à Saint-Pétersbourg, où la note est connue depuis le matin, qu'il est sans défense et qu'il fait appel au cœur slave du tsar.

Vers le soir les voix de deux grandes puissances se font soudain entendre à la table où les Serbes délibèrent : ceux-ci, qui sont dans l'épouvante, les accueillent comme des divinités. Accepter le plus de choses possible, conseille Londres ; chercher à gagner du temps, en appeler au jugement de l'Europe, conseille Paris, bien que ce ne soit que le point de vue personnel du directeur intérimaire du Quai d'Orsay. Mais la puissante Russie garde le silence.

Le jour suivant, le dernier pour prendre une décision, le manque de nouvelle de Russie assombrit l'horizon. Pachitch lui-même est pour la paix. Le peuple était épuisé par deux guerres, la dynastie en danger de s'écrouler avec les radicaux ; paysans et officiers, auxquels on devait les dernières victoires, étaient les ennemis des radicaux. Par crainte ou par prudence, le roi Pierre avait à cause de cela quitté le pouvoir en mai, le prince héritier était régent.

Pachitch conseille d'accepter jusqu'aux limites du possible, c'est-à-dire presque sans réserve : huit points sont admis, bien qu'avec des atténuations importantes, et jusqu'à l'humiliation imposée à l'armée ; seule, en ce qui concerne la poursuite des coupables, la preuve de la culpabilité est d'abord demandée, enfin la participation des organes autrichiens est refusée parce qu'elle est contraire à la Constitution et au code pénal. On feint la naïveté, demandant comment telle chose doit être exécutée et ce qu'on entend par telle autre.

À ce moment le bruit se répand dans la ville que le tsar vient d'envoyer un télégramme d'encouragement. L'état d'esprit change, les militaires demandent la guerre, désordre dans les rues. Le prince héritier, à pied avec des officiers, est acclamé, mais il retourne au château. Désappointement. On envoie des messagers d'une ambassade à l'autre. Vive l'Italie. Désappointement. On défile devant l'ambassade de France où un jeune attaché ne trouve rien d'autre à dire à la foule que « *Sympathie* ». On cherche à voir les Anglais, ils ne se montrent pas. Les télégrammes venus de Russie et adressés à toutes sortes de gens à Belgrade ne leur sont pas remis : on les affiche à la poste, tous sont réconfortants. On défile de nouveau devant le château : « *À bas l'Autriche ! Malheur aux lâches !* » Le prince héritier perd la tête. Seul l'intelligent Pachitch ne se laisse pas démonter, car le tsar garde le silence. En diplomate il laisse les deux voies libres : il ferme une des portes du temple de Janus en acceptant l'ultimatum, mais en même temps il ouvre l'autre en mobilisant dans tout le pays.

Une heure. Le roi Pierre s'assoit le premier devant la feuille fatale qui sera bientôt soumise à une douzaine de notabilités de l'État. Son peuple a à peine eu le temps de reprendre son souffle et déjà il doit le rappeler sous les armes.

C'est grâce à un assassinat qu'il est parvenu au trône il y a onze ans ; l'ambassadeur de Russie regarda par la fenêtre comment là-bas on se débarrassait du dernier des Obrénovitch. La querelle était enfin terminée entre les deux Maisons, mais comme le spectre de Banco elle apparaît toujours au vieillard dans les heures décisives. L'Angleterre a fait un geste négatif. Est-ce encore le même sir Edward Grey qui jadis rappela son ambassadeur parce qu'il savait que le roi Pierre était au courant de l'assassinat de son ennemi ? Depuis, bien des choses se sont arrangées, mais le vieux sent toujours qu'on le déteste. Le tsar est grand ! Il n'a pas voulu donner sa fille, c'est vrai, mais il est puissant et il hait l'Autriche.

Il signe l'ordre de mobilisation. On forme un train spécial, on charge l'or de la banque et les documents, et à trois heures la maison royale et le gouvernement partent pour l'intérieur, quittant la capitale, trop proche de l'Autriche. La forteresse, la gare, la ville sont en mouvement, la garnison hors des murs, les munitions enlevées, tout vers le Sud, direction de Nisch.

Mais quelque chose apparaît dont la vue rappelle au cœur de chacun les horreurs de la guerre, plus que l'aspect trompeur de troupes avec musique et drapeaux : ce sont les premières compagnies sanitaires qui, tels des confesseurs apparaissant avant le péché, arrivent silencieusement, prévenantes.

Entre-temps, à l'ambassade d'Autriche, on a fait ses malles, on est habillé et prêt à partir, convaincu du refus de la Serbie, au moment où Pachitch s'y rend à pied, peu avant six heures, pour remettre la réponse du gouvernement royal serbe.

Quelques jours plus tard, l'empereur Guillaume écrit en marge du document relatif aux détestables meurtriers de princes : « *Beau travail en un délai de seulement quarante-huit heures... Et tout motif de guerre disparaît. Giesl aurait dû rester tranquillement à Belgrade. Je n'aurais jamais mobilisé pour si peu de chose.* »

Telle est la façon raisonnable dont réagit l'empereur d'Allemagne. Mais Vienne avait donné à son ambassadeur l'ordre formel de revenir mort ou vivant avec un motif de guerre ; Giesl n'a plus le temps de lire attentivement le document : il le parcourt, se rassure en voyant quelques « si » et quelques « mais », et il renvoie si rapidement au ministère la réponse préparée à l'avance, que le messager y arrive derrière Pachitch : rupture des relations diplomatiques. Lire et répondre, rien que pour cela il eût bien fallu une heure. Mais Giesl est l'homme des records : trente-cinq minutes après avoir reçu la note serbe, le rapide l'emporte avec ses gens sur le grand pont du chemin de fer, à Semlin, sur le territoire de la Monarchie. Pendant une heure il a été l'homme le plus important de l'Europe.

À la même heure, au Johannistor à Iéna, le dernier des trois peupliers de la paix plantés cent ans auparavant à l'occasion du congrès de Vienne tombait.

CHAPITRE V

Les agités

L'auto découverte quitte le rivage, décrit une courbe, s'éloigne du port et, dans la clarté de cette nuit estivale, se dirige vers la capitale. L'homme en habit de cérémonie qui l'occupe, mêle dans sa pensée le port et les deux vaisseaux, et les adieux chaleureux qui viennent de s'échanger. Le navire de l'État lance des projectiles lumineux dans les airs, le magnifique croiseur étranger répond et, mettant le cap à l'ouest, commence à s'engager dans le golfe de Finlande.

Nous sommes maintenant, en effet, aux portes de Saint-Pétersbourg, et cet homme c'est le ministre des Affaires étrangères du tsar qui, après quatre jours de fêtes éblouissantes et de conversations sérieuses, vient de serrer une dernière fois la main au chef de l'État français. Le souvenir de ces journées passe devant ses yeux sans qu'il puisse l'arrêter, aussi rapidement que les maisons entre lesquelles la voiture roule rapidement. Et Sazonov pense :

– Le public a été étonnamment froid. Les Français ont-ils remarqué que les acclamations étaient payées ? Ont-ils remarqué que les ouvriers chantaient des hymnes révolutionnaires et agitaient des mouchoirs rouges ? Je parierais que leurs poches étaient pleines de pierres. Que pouvait-on faire ?

Fallait-il offrir un massacre aux Français ? Sa Majesté s'est bien comportée, personne n'a pu voir à quel point les prétentions de son hôte lui portaient sur les nerfs ; sa façon de se présenter était vraiment plus celle d'un monarque que celle d'un président. Et puis, à la réception du corps diplomatique, il manqua vraiment de doigté ! Ce bon Poincaré aurait pourtant dû se dire qu'il était ici en hôte et qu'il n'avait pas à lancer à un ambassadeur étranger : « *La Serbie a des amis très chauds dans le peuple russe. Et la Russie a une alliée, la France. Que de complications à craindre !* » Bon, c'est entendu, mais cela ne se dit pas, surtout comme cela en plein visage de ce Hongrois, qui dut penser avec mépris : « Vous n'êtes qu'un chef de parti, moi j'ai vingt-deux ancêtres ! »

– L'escorte écarlate lui en a imposé. A-t-il remarqué l'ironie : lui et Viviani, son ministre socialiste, pénétrant dans la forteresse Pierre-et-Paul au milieu de nos brillants cosaques ? Comme dit Paléologue, « *un spectateur ironiste pourrait se demander si ce n'est pas à la prison d'État qu'ils conduisent ces deux révolutionnaires* ». À ces moments-là le paradoxe de notre alliance est vraiment risible.

L'auto vient d'atteindre la grande route, et Sazonov voit le paysage éclairé par la pleine lune et qui tranche sur la lourde masse de la grande ville ; pendant quelques secondes il sent la beauté d'une telle nuit d'été, mais son cerveau travaille comme en plein jour, tous ses projets, tous ses travaux des dernières années lui apparaissent. On approche d'une crise, comme deux ans auparavant au moment de l'alliance balkanique. Il avait alors fait du tsar l'arbitre des Balkans, et le traité de Racconigi portait ses fruits.

Tout ne semblait-il pas près de se réaliser ? songe encore Sazonov. L'Italie avait Tripoli, et c'était notre tour de dévaliser le cadavre turc : la tête du

calife sur un plat d'or ! Les Détroits étaient à portée
de la main, et, quand on entretenait la tsarine du
moment où après des siècles le dôme de Sainte-
Sophie retentirait enfin de nouveau des *Kyrie eleison,*
le tsar détournait son attention du comte Frédéricks
et accordait de nouveaux navires pour la mer Noire.
Seul ce damné Caillaux excitait les banques de Paris
et réduisait à néant le travail d'Iswolski.

— Pachitch lui non plus ne doit pas dormir maintenant. La dernière fois qu'il est venu ici, il a été un
peu fort : « *Aux côtés du prince héritier de Serbie, la
fille de Votre Majesté deviendrait tsarine de l'Empire
slave du Sud !* » Phrases balkaniques. Ça lui monte à
la tête à ce paysan d'accoupler une fille d'empereur.

— Toujours est-il que la visite du Serbe a été utile,
pense toujours Sazonov. Notre état-major put exposer l'importance d'une attaque de l'Autriche par
la Serbie, « *l'Autriche serait alors dans l'obligation
d'engager quatre à cinq corps d'armée contre la
Serbie. Les Détroits ont une telle signification pour
tous les Russes qu'il nous faudrait les prendre en cas
de changement. Il est vrai qu'il ne serait possible de
partir à la conquête de Constantinople qu'au cours
d'une guerre européenne.* »

L'auto de Sazonov traverse les faubourgs, il
entend des coups de feu.

— Encore ? pense-t-il avec un certain malaise.

Quatre-vingt-trois mille grévistes dans le quartier
de Viborg, et même des barricades. Et pendant
ce temps-là à Krasnoïe Selo notre Garde impériale
jouait au Français sa marche révolutionnaire !

— Pourquoi Maklakov ne fait-il pas tirer tout de
suite sur ces gens ? Ça n'en finira donc pas ? Maudite
industrie ! Dans le pays tout va pour le mieux, cela
pourrait encore durer facilement des siècles. Si
Jaurès entend parler du nombre d'individus qu'on a

fusillés hier, il va encore dresser là-bas la moitié de la Chambre contre nous.

L'auto aborde le grand quai, il est près de minuit, les orchestres jouent toujours dans les jardins des restaurants, après une journée aussi chaude, la ville veut respirer un peu. Du Palais-Bourbon, les pensées du ministre passent au monde de la finance de Paris, et il songe aux conditions imposées pour les derniers deux milliards et demi que la France a expressément rattachés au nouveau chemin de fer stratégique traversant la Pologne. Comme cette chaîne d'or des nombreux milliards lie bien les deux peuples. Puis il pense à l'article que Soukhomlinov a lancé à la tête de l'Europe il y a quelques semaines :

« *La Russie est prête, il faut que la France le soit aussi* », afin d'obtenir là-bas le service de trois ans, car avec ses deux millions de soldats il lui faut les trois quarts des troupes françaises, sinon on ne peut rien risquer. Heureusement, on pouvait compter sur Poincaré ; déjà dans son premier message il avait proclamé : « *La France doit être dans l'intérêt de la civilisation et de la paix grande et forte. Ce qui avant tout est nécessaire c'est l'énergie !* » Peut-on sous-entendre l'idée de revanche de façon plus adroite ?

Le ministre n'est pas tranquille ; des dépêches de Vienne et de Belgrade laissent comprendre qu'on approche du dénouement, et lui-même a des pressentiments. Ce réaliste n'est pas absolument dénué de mysticisme, il soupçonne quelque chose, il a des projets, aussi crie-t-il au chauffeur : « *Non, au ministère !* » Le gardien de nuit s'étonne, les garçons courent, des portes battent, mais au bureau du Chiffre on admire le flair du chef, on y traduit précisément une longue dépêche de Belgrade, cela sera prêt dans une vingtaine de minutes.

— Viviani avait donc raison. On aurait dû prendre

les devants. Berchtold a calculé l'heure du départ de nos Français.

Sazonov trompe son impatience en donnant des signatures. Il est là assis à sa table au milieu de la nuit, les fenêtres sont grandes ouvertes, il est en habit de cérémonie avec ses décorations et sa physionomie intéressante prend une signification symbolique ; type russe osseux, grand nez, sourcils noirs bien marqués, barbe noire courte et s'amincissant vers les oreilles, bouche tirée vers le bas : il ressemble à un renard, rusé, froid, cruel.

À minuit on lui remet la traduction de l'ultimatum de Vienne.

*

L'Europe s'éveilla le lendemain matin de son sommeil estival en poussant un cri. Cabinets et banquiers, états-majors et missions de toutes les capitales s'agitèrent, suppression des congés, rappel du personnel, inquiétude, attente, effroi.

À Saint-Pétersbourg la plupart des gens importants du Cabinet et de l'état-major se sentaient d'humeur joyeuse ; depuis longtemps ils avaient envie de faire la guerre : « *La terre promise serbe est enclose dans l'Autriche-Hongrie actuelle… Le temps travaille pour la Serbie et pour la ruine de ses ennemis, qui donnent déjà des signes évidents de désagrégation.* » Et ce n'était pas là une phrase de journaliste, elle figurait dans une dépêche officielle adressée par Sazonov, après la première guerre des Balkans, au gouvernement de Belgrade pour lui donner du courage. En automne 1913, l'ambassadeur de France à Saint-Pétersbourg avait écrit à Paris : « *Depuis le début de la crise balkanique, la Russie a cherché surtout à affaiblir l'Autriche dans les Balkans, pour prendre sa revanche de l'année 1908, où le comte*

Aehrenthal a humilié la Russie. » Et en janvier 1914 le ministre de la Guerre de Russie et le chef de l'état-major avaient tous deux « *catégoriquement déclaré que la Russie était toute disposée à se mesurer en duel avec l'Allemagne, pour ne pas parler de l'Autriche* ».

Ce jour-là, à midi, trois grands empires se trouvèrent représentés autour d'une table, à Saint-Pétersbourg toujours. L'adroit Français avait téléphoné dès le matin au ministre des Affaires étrangères, lui promettant un plat que personne d'autre n'était à même de lui servir en ce moment : l'ambassadeur d'Angleterre. Sir George Buchanan, d'opinions conservatrices, n'était pas très favorable à la France, mais il l'était à la Russie et en tout cas il ne l'était pas du tout à l'Allemagne ; à ce déjeuner il fut malgré lui sur la défensive. L'hôte, M. Paléologue, fut lui, prévenant, éloquent, plein de l'énergie que son président Poincaré lui avait transmise ces derniers jours ; à coup sûr, il fut le plus agité à cette tablée historique. Trois semaines auparavant il avait dit prophétiquement à Briand : « *J'ai l'intime conviction que nous allons vers l'orage. Sur quel point de l'horizon et à quelle date éclatera-t-il ? Je ne saurais le dire.* »

Par contre, Sazonov ne voulait pas encore la guerre : la Serbie avait tout de même donné un avantage moral à Vienne ; quant à la Russie, malgré les assurances des militaires, elle n'était pas prête, le ministre le savait. Aussi songeait-il à mobiliser partiellement pour laisser l'Allemagne hors du conflit, pour faire pression sur l'Autriche et, après les premières victoires de celle-ci, sauver la Serbie. Il savait la Roumanie couverte par cette mobilisation qui pouvait aussi en cas de nécessité prétendre servir au maintien de la paix de Bucarest. Victoire diplomatique, les puissances centrales dans l'ombre, la gloire acquise par Aehrenthal en 1909 effacée. Très bien : et si l'Allemagne mobilisait aussi ? Alors certainement on serait attaqué, l'alliance avec la France jouait, et les chances devenaient immenses si on pouvait s'assurer le concours de l'Angleterre. Alors ce serait le comble, on pourrait conquérir les Dardanelles !

C'est ce que son ambassadeur à Paris, arrivé avec Poincaré mais non encore reparti, lui avait démontré le matin même avec passion. C'était le rêve d'Iswolski.

Aussi pendant le déjeuner cherchent-ils tous deux, le Russe et le Français, à séduire l'Anglais, sinon pour le même motif, du moins avec la même ardeur. S'il se déclare pour nous, pense le Français, nous allons infailliblement à la guerre. S'il se déclare publiquement pour nous, songe le Russe, ou bien la Triple alliance fait un pas en arrière, ou bien nous sommes vainqueurs ! Ce Français pense à la guerre, ce Russe éprouve les mêmes sentiments que le Serbe et veut conserver deux voies ouvertes, la voie exempte de sang lui paraissant pour l'instant la meilleure.

À cette table tous trois sont d'accord sur deux points : Vienne est enragée et Berlin se tient derrière elle. Les phases principales de cette conversation figurent dans le livre de Paléologue :

« Le Français : *Je n'hésite pas à me prononcer pour une politique de fermeté.*

« Le Russe : *Mais si cette politique doit nous mener à la guerre ?*

« Le Français : *Elle ne nous mènera à la guerre que si les puissances germaniques sont dès maintenant résolues à employer les moyens de force.*

« L'Anglais : *Je suppose que nous resterons neutres, et je crains qu'alors la France et la Russie ne soient écrasées par la Triple Alliance.* »

Silence. L'hôte de la maison et l'hôte du pays sont perplexes. Puis Sazonov dit nettement : « *Dans les circonstances actuelles la neutralité de l'Angleterre équivaudrait à son suicide !* »

Et Paléologue pour le seconder : « *Vous ne voyez donc pas que l'Angleterre peut jouer ici un rôle décisif ! Il y a quatre jours le tsar me disait : "À moins d'avoir complètement perdu la raison, l'Allemagne n'osera jamais attaquer la Russie, la France et l'Angleterre réunies."* »

Tout cela est bien désagréable à sir George Buchanan ; il dit : « *Je crains que chez nous l'opinion publique ne soit encore très éloignée de comprendre ce que notre intérêt national exige de façon si impérieuse. Nous ne nous intéressons pas tellement à la Serbie, et l'homme de la rue n'admettra jamais qu'on fasse la guerre à cause d'elle.* »

Telles étaient les positions prises le premier jour par les trois puissances.

*

Le Conseil des ministres dura cinq heures et s'ajourna jusqu'au Conseil d'État du lendemain, mais on décida dès le jour même que Vienne devait accorder un délai afin de permettre aux puissances d'étudier les éléments réunis contre la Serbie, et on s'en remit au ministre de la Guerre pour proposer « *le cas échéant* » de mobiliser contre l'Autriche. On déclara publiquement que la Russie ne pouvait rester indifférente. L'ambassadeur d'Autriche apparut le matin chez le ministre des Affaires étrangères, celui d'Allemagne s'y présenta le soir. Ils étaient de caractères très différents et ne pouvaient se souffrir.

Le comte Szapary est le type du chevalier hongrois aimable ; le comte de Pourtalès, le fonctionnaire prussien, raide, tête carrée, barbe en pointe grisonnante, lèvre inférieure épaisse, rond-de-cuir, peu de clairvoyance et peu d'intelligence.

Le Hongrois lit officiellement la note à la Serbie, constamment interrompu par Sazonov : celui-ci veut paraître plus nerveux qu'il ne l'est, afin que le Hongrois télégraphie à Vienne : « Émotion en Russie. »

« Vous voulez des garanties de Pachitch ? Il vous en donnera autant que vous en voudrez ! Mais vos exigences chassent les Serbes de leurs propres maisons ! Vous voudrez constamment intervenir à nouveau ! Quelle existence vous préparez là à l'Europe ! »

Le Hongrois continue sa lecture.

« Sazonov : Pourquoi le Cabinet de Vienne s'est-il donné tant de mal, puisqu'il a lancé un ultimatum ? C'est une erreur de la Monarchie de croire que toutes les nations civilisées partagent ses sentiments !

« – Il serait vraiment triste que la Monarchie ne comprît pas que dans cette question tout ce qu'elle a de plus précieux et tout ce que la Russie a de plus sacré se trouve en jeu !

« – Le principe monarchique n'a rien à voir avec ces choses. Vous voulez la guerre, et vous avez brûlé les ponts derrière vous !

« – Nous sommes la puissance la plus pacifique du monde, mais nous devons mettre notre pays à l'abri de la révolution et notre dynastie à l'abri des bombes !

« – Vous pacifiques ? Vous mettez le feu à l'Europe ! »

Cela dure une heure et demie.

Le soir, l'Allemand déclare solennellement que l'Allemagne soutient la Monarchie sans réserve. Sazonov dit : *« L'Autriche demande d'examiner un dossier, alors qu'un ultimatum est déjà lancé. Pouvez-vous approuver cela ?*

« – Je regrette, Excellence, de ne pouvoir vous suivre sur ce terrain. L'Autriche-Hongrie ne peut accepter qu'on s'immisce dans ses relations avec la

*Serbie. Nous ne pouvons non plus admettre de pré-
tentions contraires à la dignité de notre allié.*

« – *Nous n'abandonnerons pas la Serbie dans sa
lutte contre l'Autriche.*

« – *Vous n'aimez pas assez l'Autriche. Pourquoi
voulez-vous empoisonner les dernières années d'un
monarque vénérable?* »

Sazonov lance un regard hostile à l'Allemand et
lui dit avec froideur : « *Non vraiment, nous n'aimons
pas l'Autriche. Et pourquoi l'aimerions-nous ? Elle
ne nous a jamais fait que du tort. Si son vénérable
monarque porte toujours la couronne sur sa tête, c'est
à nous qu'il le doit. Rappelez-vous donc comment
il nous a témoigné sa reconnaissance en 1855, en
1878 et en 1908 ! Nous reprocher de ne pas aimer
l'Autriche !* »

Le ministre s'échauffe, l'ambassadeur s'en va.
Aussitôt après Sazonov raconte la chose au Français
et conclut : « *La conversation s'est terminée d'une
façon très agitée.* »

*

Le Conseil de la couronne se tient le lendemain
au camp de Krasnoïe Selo. Fatalité ! La campagne
était pleine de troupes, à perte de vue ; partout des
officiers d'état-major, partout enfin un frémisse-
ment guerrier. Le tsar, timide et pacifique de nature,
n'était entouré, pour la revue des troupes, que
d'officiers, de généraux, de chefs et de grands-ducs :
il ne s'appartenait plus. C'est après le déjeuner que
parvint la réponse de Vienne, refusant de prolonger
l'ultimatum à quelque prix que ce fût : on était
encore sérieux et pondéré, on fut indigné. Tout cela,
ajouté au ton de la note, aux conséquences du séjour
de Poincaré, paraissait justifier les idées naturellement belliqueuses des officiers.

L'aide de camp de l'empereur d'Allemagne attaché au tsar, le général von Chelius, homme très cultivé, faisant honneur à son nom d'humaniste, était là, il savait ignorer les regards hostiles et les paroles mauvaises qui lui étaient destinés. Le gouverneur de Saint-Pétersbourg se mit maladroitement à parler de mobilisation devant cet Allemand. Le maréchal de camp se tourne alors vers celui-ci et lui dit gracieusement : «*Je ne peux pas vous dire ce qu'on a décidé; mais soyez sûr que cela a l'air très sérieux*», puis il lui serre la main et lui dit nettement à titre d'adieu : «*J'espère que nous nous reverrons dans des jours meilleurs !*»

À six heures un général regarde la pendule et, faisant allusion à l'expiration de l'ultimatum, il dit à l'Allemand : «*On doit commencer maintenant à tirer le canon sur le Danube. On ne peut, en effet, envoyer une telle note que si les canons sont chargés.*»

Le soir à l'Opéra le tsar est l'objet d'une ovation organisée par le grand-duc Nicolas. Celui-ci avait donné le ton au Conseil de la couronne. Un géant à la barbe grisonnante, au regard hardi, francophile depuis les beaux jours de Paris, grand-duc et *desperado*, un homme qu'on se représente menant femmes et valets le fouet à la main, marié à une Monténégrine passionnée, intriguant depuis des années contre l'Allemagne : il était depuis longtemps en Russie la tête et le poing du parti de la guerre contre l'Allemagne.

À côté de lui, au Conseil de la couronne de ce jour, se trouvait Soukhomlinov, le ministre de la Guerre, homme gros et arrogant, auteur du fameux article «*La Russie est prête*» et des autres articles partis au cours des dernières années sur la conquête des Détroits. À côté de lui, même esprit, Yanouchkévitch, chef de l'état-major; puis le vieux Goremikine, président du Conseil des ministres, bon enfant, louvoyant comme toujours. Sazonov lui-même ne parle pas en faveur de la guerre, il espère que la mobilisation suffira à effrayer. Seul, le vieux comte Frédéricks, un Balte plein de distinction, seul homme à la Cour à ne pas avoir d'ennemi malgré les honneurs dont il est comblé depuis des années, proclame en cette séance son amitié à l'égard de l'Allemagne.

Un homme pâle et faible, au regard vide, accablé par le poids de son uniforme et de ses décorations, préside : que peut ce tsar en présence des yeux de tigre du grand-duc, son oncle, puisqu'il n'a là aucun Cabinet pacifique, et pas même Raspoutine, pour le seconder ? Tout le monde depuis les guerres des Balkans, depuis Aehrenthal et depuis le Japon, ne lui répète-t-il pas que seule une grande guerre faite aux côtés de la France pourrait sauver la gloire et la puissance du trône ? À peine a-t-il fait allusion aux difficultés que présente une mobilisation opérée en pleine grève, que Maklakov, assis en face de lui, se dresse et démontre que le danger à l'intérieur ne peut encore une fois être conjuré que par un appel national aux armes. La guerre pour échapper à l'ennemi de l'intérieur. Conclusion : mobiliser treize corps d'armée contre l'Autriche, mais laisser les Serbes subir le premier assaut, et s'en remettre au ministre des Affaires étrangères au sujet du jour de l'opération.

Sais-tu, sombre Sazonov, ce que le tsar de toutes les Russies dépose entre tes mains de civil, en présence de tous ses généraux ?

La boîte de Pandore.

CHAPITRE VI

En mer

Le *France* glissait, en murmurant, dans la nuit. En ce moment les premiers ministres russe et serbe se hâtaient vers leurs capitales, vers les résolutions que la démarche des comtes de la guerre viennois leur imposait. Et, de même que ces deux hommes laissaient leurs pensées revenir en arrière comme pour utiliser les dernières heures de calme à remuer des souvenirs et faire des comparaisons, de même faisaient les chefs ici à bord, aux écoutes depuis des années des intrigues qui se jouaient en Europe.

Poincaré venait de vivre son plus glorieux instant. Cette minute n'avait-elle pas été plus belle encore que celle où, fraîchement élu, il apparut au balcon de l'Élysée pour y entendre les Parisiens lui crier son nom, dont ils font en même temps un calembour avec leur goût de la blague ? Ses rêves de jeunesse ne furent-ils pas plus que comblés au moment où il passa la Garde impériale en revue, assis à la gauche de la tsarine, d'une pâleur de marbre, avec le tsar à cheval près de la splendide voiture ! Trente ans auparavant l'ambition cachée de cet avocat aurait à peine osé s'égarer si haut. La vie exigeait maintenant de très grands efforts pour parachever l'œuvre qui avait nécessité des années de persévérance ardente. Pousser son peuple à faire la guerre, c'était impossible, il le savait bien ; mais que l'ennemi héréditaire agît avec légèreté et fournît un prétexte, qu'il portât le premier coup ou qu'on pût seulement démontrer son intention de le faire : quel grand destin, d'être alors le guide des Français !

Et précisément il n'était pas exempt de reproches. Il appartenait, en effet, à ce petit nombre d'hommes au pouvoir qui entretenaient dans leur propre poitrine la flamme de la revanche en train de s'éteindre dans le peuple français. Rien d'étonnant, il était lorrain ; il dit du reste après la guerre : « *À l'école* (immédiatement après la guerre de 1870) *mon esprit, assombri par la défaite, franchissait sans cesse les frontières qui nous furent imposées par le traité de Francfort, et, quand ma pensée quittait ces rêves, alors je voyais que ma génération ne pourrait vivre qu'avec l'idée de retrouver les provinces perdues.* » Le souvenir de ses impressions de jeunesse ne le quitta jamais et, après la guerre, un de ses amis put vanter « *la remarquable continuité de sa conduite* ».

Celle-ci ne fut d'ailleurs pas uniforme, car l'enfant plein de ressentiment devint un homme d'État qui apprit à attendre. Dans la crise de la Bosnie, il dit nettement à son alliée que la France ne se laisserait jamais entraîner dans une guerre à cause des intérêts de la Russie dans les Balkans ; il déclara même à Sazonov au mois d'août 1912 : « *Ne comptez pas sur notre aide militaire dans les Balkans, même au cas où vous seriez attaqués par l'Autriche !* » Mais bientôt après revirement complet, et, en novembre 1912, à la grande joie d'Iswolski, qu'il ne pouvait souffrir, il fait valoir un « *point de vue tout nouveau ; un accroissement du territoire autrichien compromettrait l'équilibre européen et par suite les intérêts propres de la France* » ; il en résulterait que la France « *serait engagée dans des opérations militaires* ». (C'est la tournure poltronne que tous les diplomates emploient pour ne pas faire usage du mot guerre, mot de mauvais augure, comme on dit inflammation au lieu de cancer.) En janvier 1914, Poincaré avait même, par l'intermédiaire de Delcassé, «*fait assurer aux Russes, au nom du ministre des Affaires étrangères de France, que la France irait aussi loin que la Russie le désirerait*». Cette espèce de blanc-seing, que Paris donnait maintenant à Saint-Pétersbourg, après le lui avoir refusé deux ans auparavant, était, il est vrai, limité à un cas particulier (Liman von Sanders à Constantinople), mais il produisit un effet psychologique semblable à l'effet provoqué par celui que l'empereur Guillaume venait de donner à Vienne après le lui avoir refusé également deux ans auparavant. Ce même mois, le président disait à Judet : « *La Russie a un avenir inouï, sa force est en plein développement... Il y aura la guerre dans deux ans. Tous mes efforts tendront à ce que nous soyons prêts.* »

Poincaré marche de long en large sur le pont, il pense à la dernière heure vécue à la Cour, heure pendant laquelle le tsar fut son hôte à bord ; des toasts ont été échangés, il est constamment resté auprès de lui, se montrant accessible à toutes ses suggestions. L'effet produit sera-t-il durable ? Le tsar l'avait bien jugé, car, peu après, il dit à ses parents du Danemark : «*En tout cas Poincaré ne veut pas la paix, comme moi par amour de la paix. Il croit qu'il est de bonnes guerres.*»

Vraisemblablement à l'heure actuelle, le Président revit en pensée les jours écoulés. N'y a-t-il vraiment que cinq semaines qu'il a formé le Cabinet avec le nerveux Viviani ? Élections législatives en avril, puis ces damnés scrutins de ballottage avec la victoire des socialistes en mai, et amenant finalement encore quelques adversaires de la Loi de trois ans à la Chambre. Paléologue s'attribuait la victoire : il avait convaincu le Président.

Et Viviani, que peut-il bien penser en ce moment à bord du *France* ? Plus adroit et plus cynique que Poincaré, moins pédant que lui, il paraît représenter le véritable chef d'état-major de celui qui se conduit en maréchal. Ne s'amuse-t-il pas en lui-même de la façon dont Paléologue s'agitait en société et de ce qu'il a fait venir Lemaître lui-même de Paris pour disposer les fleurs au dîner donné à l'ambassade ? Il est vrai que l'ambassadeur l'a mis ensuite au courant de choses dénotant un état d'esprit très intéressant : au cours de la revue il était dans la tente du grand-duc avec les deux Monténégrines Anastasie et Militsa, qui n'avaient fait que bavarder : « *Savez-vous bien que nous vivons des jours histo-riques, des jours sacrés. J'ai reçu aujourd'hui de mon père un télégramme en style convenu : il m'annonce qu'avant la fin du mois nous aurons la guerre... Quel héros, mon père !... Il est digne de l'*Iliade *! Regardez cette bonbonnière qui ne me quitte jamais, elle contient de la terre de Lorraine, oui de la terre de Lorraine... La guerre va éclater... Il ne restera plus rien de l'Autriche. Vous reprendrez l'Alsace et la Lorraine. Nos armées se rejoindront à Berlin.* » Puis brusquement : « *Il faut que je me modère, car l'empereur me regarde.* »

Deux Français, plus fins que leurs collègues de Berlin, mais non moins fermes qu'eux devant la guerre, moins libres à cause de l'organisme d'une république, mais connaissant tous les moyens d'influencer les masses : ils songent à l'atmosphère d'orage de ces jours de fête, ils pensent à la valeur à donner plus tard dans des mémoires aux paroles de ces grandes-duchesses hystériques ; leur état d'esprit est celui d'un spectateur qui, pendant l'entracte, s'imagine ce que sera l'acte suivant et le voudrait tel qu'il le souhaite et non autrement.

Un matelot gravit l'escalier du navire, porteur

d'un long radiotélégramme : c'est la transmission de l'ultimatum de Vienne à la Serbie. Délivrance ! Poincaré donne l'ordre de faire route directement sur la France, Viviani commence dès cette nuit à transmettre des instructions à Paris. À toute vapeur !

*

Le lendemain soir, en vue des hauteurs de Malmö, deux chefs d'État sont sur le pont de leur navire ; ils regardent autour d'eux, leurs officiers interrogent l'horizon, font des calculs, et scrutent de nouveau. Il était facile à chacun d'eux de prévoir que la complication de la situation européenne rappelait l'autre dans son pays et que peut-être ils allaient se rencontrer. Le *France* ramenait son président vers Dunkerque, tandis que le *Hohenzollern* conduisait l'empereur à Kiel. Leur cœur à tous deux battait dans l'attente de la guerre, tous deux savaient que l'air était sillonné d'ondes électriques, dans leurs cabines les officiers radiotélégraphistes entendaient bien les signaux étrangers, mais hélas ! tout était chiffré. On essaya cependant de part et d'autre de les traduire, puis on y renonça.

Les maîtres de ces deux bateaux pensèrent alors à la destinée. Le Français était agité de sentiments opposés : il voulait la revanche, il le dit lui-même, par conséquent il devait souhaiter être dans l'obligation de faire la guerre ; mais en tant que Lorrain il devait redouter de voir sa petite patrie dévastée, et, d'un autre côté, puisqu'il ne pouvait attaquer, il devait souhaiter voir l'Allemagne n'exécuter ses projets qu'en 1917. Et pour finir il s'était tout de même exprimé sans détour chez le tsar. Les sentiments du Kaiser, avec sa nature hésitante et impressionnable, résultaient des circonstances et de son entourage : pendant plusieurs semaines il n'avait eu autour de lui que des militaires et d'autres gens, qui l'étudiaient depuis des années et à qui ceux qui restaient à Berlin avaient fait la leçon avec autant de soin qu'on en avait mis à huiler les moteurs du bateau ; il était resté dans cette atmosphère enveloppant l'« amiral de l'océan Atlantique », sans entendre un seul avertissement d'un homme politique, encore moins en contact avec toutes les classes du peuple que chez lui et, avec cela, réellement exaspéré par l'assassinat de son ami : il est contraint de réfléchir, comme le montrent les notes suivantes, écrites de sa main, à bord du *Hohenzollern* au cours de cette croisière de juillet, en marge des dernières dépêches.

Rapport de Vienne, dans lequel l'ambassadeur parle du raffinement mis par Berchtold à formuler les revendications que la Serbie ne pouvait accepter. Note du Kaiser : « *Évacuer le Sandjak ! On se chamaillera aussitôt ! L'Autriche en a absolument besoin pour… empêcher les Serbes d'atteindre la mer !* »

Tisza veut agir correctement et prudemment, ce qui gêne Berchtold. Note du Kaiser : « *Envers des assassins, et après ce qui s'est passé ! Stupidité !… C'est à peu près comme au temps de la guerre de Silésie : je suis contre les conseils de guerre et les délibérations, parce que c'est toujours le parti des poltrons qui l'emporte, a dit Frédéric le Grand.* »

Rapport de Londres, le gouvernement attend que Berlin soit parvenu à réduire les exigences irréalisables de Vienne. Note du Kaiser : « *Est-ce que cela me regarde ! Pas le moins du monde ! Que veut dire irréalisables ? Ces drôles ont fait de l'agitation avec l'assassinat, il faut les opprimer !* » On espère qu'on ne s'obstinera pas à formuler à Vienne des revendications ayant la guerre pour but. Note du Kaiser : « *Effroyable impudence britannique. Mon rôle n'est pas de faire des remontrances à la Grey à Sa Majesté l'empereur sur la façon de veiller sur son honneur !»*

Jagow consent à faire dire à Londres qu'ils n'ont pas à intervenir dans ces questions intestines. Note du Kaiser : «*Que cela soit dit à Grey très sérieusement et très nettement ! Qu'il voie que je n'entends pas plaisanter... Les Serbes sont une bande de brigands, il faut les traiter comme des criminels !... Façon de penser toute britannique. Ils le prennent de haut, sur un ton protecteur, je n'admets pas cela. Guillaume I. R.*»

Rapport de Vienne d'après lequel Berchtold aurait assuré au Russe que l'Autriche ne voulait pas annexer de territoire serbe. Note du Kaiser : «*Quel âne ! Il faut qu'elle reprenne le Sandjak, sinon les Serbes arriveront à l'Adriatique.*»

Rapport de Londres sur la première idée de Grey d'une conférence. Note du Kaiser : «*Je ne marche pas ; à moins que l'Autriche ne me le demande formellement, ce qui est peu probable : dans les questions de vie et d'honneur on ne va pas consulter d'autres personnes.*»

Rapport de Saint-Pétersbourg, signalant la menace de Sazonov, si l'Autriche dévore la Serbie, de faire la guerre. Note du Kaiser : «*Eh bien, qu'il la fasse !*»

Rapport de Rome, mettant en garde contre la conduite de l'Italie. Note du Kaiser : «*Stupide ! Ça s'arrangera tout seul.*»

Bethmann fait savoir qu'à son avis l'Allemagne devrait pour le moment conserver une attitude calme. Note du Kaiser : «*Le calme est le premier devoir des citoyens ! Du calme, toujours du calme !!! Une mobilisation opérée avec calme est précisément aussi quelque chose de nouveau.*»

C'est dans ces dispositions que l'empereur arriva à Potsdam.

CHAPITRE VII

Ceux qui réfléchirent

L'Angleterre était en proie à une vive émotion. Quel esprit guerrier s'était donc introduit dans cette tranquille nation, pacifique par calcul, neutre par sa situation, prudente en tant que race ! Depuis des semaines on parlait de volontaires, de canons, de munitions, avant même que sur le Continent ces termes ne fussent populaires. Que s'était-il donc passé dans les îles ?

L'une d'elles, l'Irlande, s'était jetée contre les autres et, le Cabinet libéral voulant la calmer en lui accordant de nouvelles libertés, une de ses propres provinces l'abandonnait, menaçant de recourir à la violence pour empêcher l'introduction de la liberté. Les protestants de l'Ulster protestaient, ils ne voulaient pas rester seuls dans leur île avec leurs frères du Sud qu'ils détestaient, préférant mourir célibataires, mais anglais, que de faire un mariage de raison avec leurs voisins. Ils voulaient sauver leur innocence avec des barricades et des fusils ; mais lorsque leurs frères du Sud s'agitèrent, seulement alors on interdit l'importation d'armes en Irlande, on rechercha mines et canons sur la côte. Le gouvernement, grâce au soulèvement de l'Ulster, n'avait plus le *home rule* à redouter, mais au même moment les agitateurs du Sud l'inquiétaient. Que faire ? se demandait le roi avec ses ministres. Allait-il falloir donner à l'univers le spectacle d'une guerre civile en Angleterre ?

Pendant qu'ils réfléchissaient, une nouvelle rumeur se répandait dans les rues et les villes. Le camp de Curragh, où depuis longtemps on formait les mercenaires, se dressait contre le ministère de la Guerre de Londres, des officiers supérieurs refusaient obéissance au gouvernement, et voulaient le renverser tout simplement parce que trop doux à l'égard de l'Irlande. De mémoire d'homme, la raison et les chiffres, la fantaisie et les aventures aussi, régnaient en Angleterre, mais jamais, ou presque, l'épée n'avait eu la suprématie. Et celle-ci brillait maintenant dans l'île agitée et en Angleterre même. Le Parlement, qui avait formé le gouvernement, paraissait mis en danger par quelques officiers, par une armée de volontaires ; on n'en croyait ni ses yeux ni ses oreilles, en pleine Angleterre on se serait cru à Saverne. Asquith sauva sa situation et le Cabinet, en se nommant soudain lui-même ministre de la Guerre.

Au milieu de ce vacarme les coups de feu de Sarajevo ne s'entendirent pas. Que nous importe la Serbie ? disait l'homme de la rue, et il tournait la page de son journal pour lire les dernières dépêches de Belfast et de Curragh. Il n'y eut que peu de gens à savoir les luttes qui ébranlaient le Cabinet, et personne ne connut celles qui ébranlèrent l'âme des chefs. Ce Cabinet était assez important et assez étrange à cause de cinq hommes qui le composaient essentiellement ; deux autres se faisaient remarquer par leur opposition. Pour le reste de l'équipage, trois formaient le lest et deux étaient d'assez bons marins.

Asquith, une tête de Dickens et des manières de Romain, regarde l'univers avec des yeux prudents ; quand il parle, sa bouche imberbe exprime durement des pensées froides qu'il accompagne des gestes rares de l'Anglais. Toujours calme, hésitant parfois, réaliste, avant une sorte d'horreur des résolutions rapides, il paraît être le chef de la Chambre plus que celui du Cabinet. Il est pour une «*paix honorable*» et prévoit toujours les conflits bien à l'avance. À la conférence internationale de la Paix, six ans auparavant, il disait : «*On ne constitue pas d'effroyables armements pour en faire un ornement ou pour se distraire, mais pour s'en servir au bon moment, peut-être lors d'un déchaînement accidentel des passions !*»

Lord Haldane, lui, est plus rêveur : humaniste, la tête d'un vieux cardinal du Tintoret, d'un caractère plutôt sombre, morose. Il a un faible pour l'Allemagne : c'est pour cela qu'il discerne mieux les faiblesses de l'Allemagne. Ayant étudié sa littérature et ses méthodes d'éducation à Göttingen, connaissant Weimar, il avait établi le projet d'un *Technikum* pour Londres, sur le modèle de celui de Berlin, et le roi Édouard lui confia le ministère de la Guerre pour qu'il agrandît la petite armée de l'Angleterre, créât un état-major à la manière allemande –, et c'est ainsi que la destinée l'amena à forger des armes contre un pays qu'il aimait. Il n'en parut que plus résolu à ne tirer l'épée qu'en cas de nécessité, et deux ans auparavant il était revenu de Berlin le cœur serré de n'avoir pu obtenir une réduction de la construction de la flotte, tant en nombre, qu'en vitesse ; Tirpitz s'y était opposé. Au cours de cette négociation, compliquée par le désaccord entre l'empereur, le chancelier, et le grand amiral, les prétentions émises l'avaient moins désagréablement surpris que les hommes – il avait proposé une entente, on lui avait répondu par de la méfiance. Ne devait-il pas se faire beaucoup de soucis pendant ce mois de juillet ?

Son ami sir Edward Grey pâlissait encore davantage, lui qui depuis huit ans, en qualité de ministre des Affaires étrangères, évitait la guerre, non seulement à l'Angleterre, mais encore au Continent. Parmi eux cinq, c'était lui qui avait le caractère le plus singulier : en tant qu'Anglais, il faisait des réflexions sur le danger de plus en plus grand que toute guerre présenterait pour son pays, dont la consommation de blé provenait pour les quatre cinquièmes de l'importation, ses idées étaient celles d'un Européen et enfin, en tant que chrétien, il était désireux de ne pas se départir d'une attitude pacifique, à un point qu'aucun homme d'État ne pouvait alors se permettre en Europe, sentiment que sa propre politique devait gravement compromettre, malgré ses bonnes intentions.

Il vivait solitaire, on ne le rencontrait pour ainsi dire jamais en société ; il avait perdu sa femme et son frère dans d'épouvantables circonstances ; il aimait les oiseaux, la pêche à la ligne, c'était donc un homme patient et sage, ne faisant pas étalage de ses qualités morales, avec de grands yeux profonds et une bouche petite et avare de ses mots ; en fin de semaine il partait dans les bois, et ses lèvres récitaient des vers de Wordsworth de préférence à des discours parlementaires. Rarement en voyage, il ne parlait aucune langue étrangère. À la campagne il élevait des écureuils, aimait les enfants, parlait peu. Mais quand il prenait la parole à la Chambre des communes, tout le monde l'écoutait en silence car il s'exprimait en un style remarquablement beau, sans chercher à agir sur la galerie, exposant des idées modernes sur le ton d'un lord de l'ancien temps.

Il ne fut cependant pas assez fort pour se soustraire au jeu des alliances qui se nouaient dans l'Europe en pleine anarchie, et il s'écarta par trop de la côte, si bien qu'une formidable tempête finit à la fin par atteindre son vaisseau. Il fut, en effet, lui aussi, en proie à la grande méfiance de tous à l'égard de tous, et, en présence de la menace créée par l'accroissement de la flotte allemande, il alla si loin, après le refus opposé par Berlin au plan de Haldane, que les conventions simplement verbales entre le roi Édouard et la France furent transformées en un véritable accord, d'après lequel l'Angleterre s'engageait à protéger la côte nord de la France, dans le cas où celle-ci serait attaquée par un tiers. Le seul document liant sa patrie en cas de guerre était une lettre adressée à l'ambassadeur Cambon et dans laquelle il promettait, au cas où la France serait gravement menacée, d'examiner alors avec lui la question de savoir si l'on ferait cause commune.

Cette lettre décisive, connue seulement de quelques membres du Cabinet, compromettait déjà la liberté de l'Angleterre, plus qu'on ne pouvait le croire en la lisant. Lui-même croyait à son « libre arbitre » ; en réalité il avait moralement lié l'Angleterre. Les conversations officielles et surtout la fraternisation des chefs des états-majors ne créèrent-elles pas une atmosphère qui devait peu à peu empêcher le ministre des Affaires étrangères de respirer à son aise ? Un grand historien anglais, Gooch, parle d'« *engagements effectifs* », là où en somme il n'y avait rien de formel, Lloyd George parle de l'« *honneur engagé* », et Churchill juge même que c'est une « *situation dans laquelle les devoirs nous incombaient, sans que nous eussions les avantages d'une alliance... Nous étions moralement engagés à venir au secours de la France* ».

Au moment où le roi et la reine se rendirent à Paris en avril 1914, Grey se sentit entraîné en faveur du Continent, il refusa de se lier davantage, mais il ne pouvait plus empêcher la Marine de prendre contact en juin avec les Russes et d'assurer que l'Angleterre – toujours uniquement dans le cas de défensive – « *contiendrait dans la mer du Nord* » une partie de la flotte allemande, pour soulager les Russes. Il ne put empêcher, lui qui parlait et rêvait de paix et d'entente, les états-majors, avec sir Henry Wilson en tête, d'entretenir leurs gens de la guerre et même de la guerre avec les Allemands ; et c'est ainsi que tout fut prévu jusque dans les moindres détails pour le débarquement des six divisions et que l'intimité des trois états-majors de l'armée et de la marine alla toujours en croissant. L'ambassadeur de Russie à Londres pouvait écrire à Saint-Pétersbourg au début de l'été 1914 : « *Je doute qu'en cas de guerre on puisse trouver, pour de communes opérations militaires, une garantie meilleure que l'esprit de cette Entente tel qu'il se manifeste actuellement, renforcé par des conventions militaires.* » Il ne restait plus, à Grey et à son gouvernement, qu'« à *ne* pas voir les faits », à demeurer intègres par ignorance, et, selon l'expression des conservateurs, ses adversaires, à continuer « *à ne pas prendre de décision, tout en cherchant à être bien avec tout le monde* ».

Et c'est ainsi qu'au printemps de 1914, quand il en fut question à la Chambre des communes, il nia tout accord avec la Russie. Il s'en est défendu par la suite en disant : « *Des engagements politiques n'ont pas à être tenus secrets ; des arrangements militaires et maritimes sont nécessaires en prévision d'une guerre, mais il faut les tenir secrets. Et en ce qui nous concerne on avait veillé à ce que ces arrangements ne pussent constituer des engagements politiques.* » C'était la pure vérité, et c'est la preuve de nouveau que tous les peuples d'Europe étaient sans défense, que tous les ministres avaient peur et qu'ils désiraient se retrancher derrière les canons parce que l'anarchie générale de l'Europe les y contraignait.

Ce qu'il y a de certain, c'est que ce peuple de

commerçants ne pouvait souhaiter l'anéantissement de son meilleur client, et que, malgré une concurrence toujours plus grande, la situation générale tendait à être celle de Sparte et d'Athènes. « Nous ne tolérerons jamais la destruction d'Athènes, disait Sparte à Thèbes, car la Grèce sans Athènes, ce ne serait qu'un homme n'ayant qu'un œil. »

L'accroissement de la population allemande, son agitation grandissante, son esprit de police, et surtout l'éclat de « son épée étincelante », étaient cause du peu de sympathie qu'on éprouvait dans l'île pour l'empereur et le Reich, mais jamais il ne fut question de projeter une attaque contre eux, pas un instant on n'en eut l'intention.

Grey savait cependant combien il était facile à chacun, étant donné la conception mensongère et naïve du droit des peuples, de faire usage de ce qu'on appelle « *violation de frontière* » et d'accuser l'autre de l'attaquer, alors que lui-même s'y préparait et le désirait.

Lloyd George, dans le Cabinet, était le Celte, donc un tantinet poète ; simple fils d'instituteur, il connaissait aussi le peuple. Son adresse et sa popularité, son éloquence et son énergie s'accrurent à un point tel que peu à peu il fut, en quelque sorte, trop fort pour la position à laquelle ses talents l'avaient porté. Il s'en tenait à l'expérience de la vie, comme Asquith à la théorie du droit, aussi démagogue et à la recherche des applaudissements que Grey était pondéré, paisible et solitaire. Ses yeux lui tenaient lieu de réflexion et il formait des projets sur la marine ou les questions minières en allant en mer ou en descendant dans des mines. Il avait étudié les questions sociales en Allemagne, mais, ignorant en matière d'arts et de sciences, les côtés les meilleurs de ce peuple lui demeuraient étrangers et il aimait les Allemands presque aussi peu que les Français. Il jugeait cependant clairement, et six ans auparavant il avait déjà dit à ses compatriotes : «*Ne pouvez-vous donc comprendre à quel point les soucis de l'Allemagne sont concevables ? Ne vous armeriez-vous pas, si votre pays devait en cas de guerre se trouver ainsi coincé entre deux ennemis ?* » Il a toujours répété que la course aux armements était déraisonnable. Il était le membre du Cabinet qui avait le moins l'air d'un homme du monde et qui avait également le moins le type anglais.

Le dernier était les deux à la fois. Churchill, descendant du duc de Marlborough, demi-Américain par le sang, connaissait le monde, et n'était, certes, pas enclin à affermir le pays qui lui procurait action et puissance. Il ne réfléchissait pas comme Grey et n'était pas calme comme Asquith, il n'avait pas autant de pénétration que Haldane et n'était pas populaire comme Lloyd George ; pendant une décade ou deux, très doué en tant que poète et qu'historien, il s'aventura dans les guerres, dans l'ancien et dans le nouveau monde, dans les arts et les sciences, écrivit des livres excellents sur la conduite de l'armée, sur le libre-échange, en même temps que sur lui-même, toujours plein de fantaisie, observant bien, débordant de vitalité. Il avait fait beaucoup pour l'accroissement de la flotte anglaise, c'était un peu un cerveau brûlé et la guerre lui était familière ; lui et Enver Pacha étaient bien à cette époque les seuls ministres d'Europe ayant déjà combattu les armes à la main.

Parmi les cinq cabinets importants d'Europe, celui-ci était, certes, en tête, grâce aux cinq ministres qu'on vient de présenter ; c'est celui qui a le moins voulu la guerre, qui l'a le plus longtemps combattue mais ne l'a pas évitée, alors que précisément ce Cabinet pouvait encore l'empêcher.

*

Depuis un an et demi, le nouvel ambassadeur d'Allemagne s'attirait des louanges à Londres et des jalousies à Berlin. Manifestant autant d'amitié pour le pays dans lequel il était en mission que pour sa patrie, le prince Lichnowsky signalait toujours les conséquences dangereuses de la construction de la flotte allemande à l'égard de l'Angleterre et combattait le penchant de l'Allemagne pour l'Autriche. Le fait de préférer l'Angleterre à l'Autriche ne fut une faute qu'en tant que Lichnowsky ne parvint pas à la première place, d'où seule il était possible de modifier le cours de la politique allemande. Plus indépendant que ses collègues par suite de son rang, de sa fortune et de l'amitié de l'empereur, qui le tutoyait et le priait de lui adresser des rapports privés, le prince tenta de faire de la politique comme s'il avait été au centre et non dans la périphérie ; il augmenta ainsi le nombre de ses ennemis dans l'administration et entrava les efforts de ses amis. Il passait pour un dilettante, parce qu'il n'était ni un fonctionnaire prussien avec ses petitesses et ses vertus, ni au fond le véritable chef technique d'une mission, et qu'il se servait surtout de son influence personnelle ; car il avait des idées. Il connaissait les facteurs historiques de la force de l'Angleterre et de la faiblesse de l'Autriche et son expérience personnelle confirmait ses conceptions, car, bien que grand propriétaire en Autriche, sa famille n'y était pas aimée, et cela déjà du temps de son père, alors qu'à Londres on appréciait son attitude et ses façons d'agir.

Lichnowsky est le premier à parler en Européen dans le débat Vienne-Berlin, il écrit aussitôt à Berlin qu'il serait *« difficile de stigmatiser toute la nation serbe comme un peuple de vauriens et d'assassins…*

La politique de l'Autriche est trop aventureuse, car elle ne conduit ni à une solution radicale du problème ni à la suppression du mouvement panserbe ». Il met en garde à plusieurs reprises et encore à la veille de l'ultimatum contre toute participation à l'aventure des Balkans : « *En ce qui concerne la localisation de la querelle, vous m'accorderez que, si l'on en vient aux mains avec la Serbie, elle sera du domaine des pieux espoirs. Il me semble donc que tout dépend de la façon dont seront formulées les revendications autrichiennes, afin que celles-ci soient acceptables à Belgrade sous la seule pression de Saint-Pétersbourg et de Londres et non pour qu'elles conduisent à une guerre* ad majorem illustrissimi comitis de Berchtold gloriam. » Ces avis, suivis de beaucoup d'autres du même genre, au cours des semaines suivantes, le placent honorablement dans l'histoire parmi les trois diplomates allemands qui jugèrent alors les choses avec exactitude.

Jagow, qui, depuis très longtemps, ne croyait plus, lui aussi, au dogme de l'Autriche, mais continuait à l'observer, rappela à Lichnowsky ces mots de Wilhelm Busch : « *Si la société ne te convient plus, cherches-en une autre si elle existe.* » Vienne était affaiblie par les crises balkaniques, et n'était presque plus une grande puissance : c'est pour cela qu'il fallait la soutenir ! « *On criera bien un peu à Saint-Pétersbourg, mais au fond la Russie n'est pas prête. La France et l'Angleterre ne désirent pas non plus la guerre actuellement... Pendant ce temps-là notre groupe s'affaiblit tous les jours... Qu'on n'arrive pas à la localisation et que la Russie attaque l'Autriche, nous ne pouvons pas sacrifier l'Autriche... Je ne veux pas d'une guerre préventive, mais si le combat s'offre, nous ne devons pas nous défiler.* »

Cette lettre montre, principalement à la fin, que même les meilleures têtes dans ce milieu ne surmontaient jamais complètement leur éducation de militaires.

Tandis qu'au début de la crise tous les diplomates d'Europe célèbrent la conduite énergique de Berchtold et son «*excellent état d'esprit*», on parle dès le commencement de juillet de «*la mine soucieuse*» de Lichnowsky. Malgré la différence de leur façon de vivre, il s'entendait avec Grey, et c'est en leur faveur à tous deux. Ils ont résolu ensemble deux questions délicates en Asie Mineure et en Afrique portugaise, après des négociations qui durèrent des années ; aussi pouvaient-ils faire preuve l'un envers l'autre de plus de franchise que n'importe quel autre couple. À une question qui lui est posée directement par l'ambassadeur, Grey répond sans détour : «L'Angleterre n'est liée nulle part par des contrats en règle ; mais les relations avec la France et la Russie sont *"très intimes"*».

Grey devait être de toute son âme contre la Serbie : des crimes et des scandales étaient cause de l'élévation et de la déchéance de cette monarchie. Grey songeait à l'assassinat du prince Michel, à l'enlèvement du prince héritier, à l'abdication de Milan, au vilain mariage d'Alexandre, à l'assassinat du couple, aux scandales du prince héritier Georges. Malgré cela ses premières paroles au sujet de l'ultimatum sont : «*Cette note surpasse tout ce que j'ai vu dans ce genre jusqu'à présent... C'est le document le plus effroyable qu'un État ait jamais adressé à un autre État indépendant.*»

C'est ce qu'il dit à Mensdorff, l'ambassadeur d'Autriche, un comte autrichien sensé ; celui-ci, l'ambassadeur d'Allemagne et l'ambassadeur de Russie, le comte Benckendorff, sont un peu parents, mais leur mission va bientôt en faire des ennemis ; exactement comme les trois souverains qui profitent de ce qu'ils sont cousins pour rompre la fraternité

de leurs peuples. Et Grey, au milieu d'un enchevê-
trement de démarches, de notes, de conventions,
d'alliances, est le premier en Europe à faire une
chose toute naturelle : il parle à Lichnowsky de
l'horreur d'une guerre à quatre. « *Quel qu'en soit le
vainqueur, ce qu'il y a de certain c'est qu'il en résul-
tera un épuisement total et un appauvrissement général; l'industrie et le commerce seront ruinés; des
mouvements révolutionnaires en seront la conséquence, par suite du chômage.* »

Pendant ces deux premiers jours, Grey, complètement alarmé par ce que l'on dit de la fermeté de
Saint-Pétersbourg, se tourne de trois côtés. Il fait
dire par quelqu'un aux Serbes : « *Je vous conseille
d'accepter le plus de choses possible, mais aussi de
consulter les autres chancelleries.* » Aux Autrichiens :
« *Il s'agit maintenant de faire tout ce qu'il est encore
possible de faire, pour parer au danger qui menace.* »
Aux Allemands : « *Je reconnais que l'Autriche est en
droit de réclamer satisfaction, ainsi que son désir de
punir tous ceux qui ont participé à l'assassinat… Je…
suis certain que la mobilisation autrichienne sera
suivie de la mobilisation russe. Alors il me semble
que le moment est venu, de concert avec vous, la
France et l'Italie d'opérer une médiation entre
l'Autriche et la Russie. On ne peut envisager une
médiation sans votre concours.* »

Exemple typique de transactions internationales;
preuve que cet Anglais plaçait d'abord la paix de
l'Europe au-dessus du système des alliances et des
équilibres.

Les deux ambassadeurs télégraphient à leurs
ministres, mais Lichnowsky ajoute ces mots vraiment prophétiques : « *La proposition de Grey est la
seule possibilité d'éviter une guerre mondiale qui,
pour nous, mettra tout en jeu sans que nous n'ayons*

*rien à y gagner… Si la France est entraînée, l'Angle-
terre ne pourra pas rester impassible.* »

En même temps, Grey adresse un troisième appel
à Saint-Pétersbourg : «*À mon avis, ici l'opinion
publique n'admettra pas que nous prenions part à la
guerre à cause du différend serbe. Si la guerre éclate,
nous serons… peut-être entraînés, mais je m'efforce
de l'éviter… Le seul moyen de maintenir la paix est
que les quatre autres grandes puissances invitent
l'Autriche et la Russie à ne pas franchir leurs frontières. Si l'Allemagne acceptait ce point de vue, je suis
certain que la France et nous-même agirions dans ce
sens.* »

C'est ainsi que le même jour l'ambassadeur
d'Allemagne télégraphiait à son gouvernement ce
que l'Angleterre transmettait à ses ambassades, et
par conséquent à Berlin également : en cas de
guerre, il était peu probable qu'elle resterait neutre.

Ici commence l'enchaînement tragique. À partir
de ce moment Grey agite une pensée dans sa tête :

– Faut-il proclamer à haute voix au monde entier,
à l'Allemagne, ce que je confie à mes ambassadeurs : revenir en arrière, parce que en cas de guerre
l'Angleterre mobiliserait aussi ? Paris et Saint-
Pétersbourg attendent notre parole libératrice. Je
ne dois pas le faire, parce que seul le Parlement peut
décider, de cette question de vie ou de mort. Si je lie
aujourd'hui mon pays par un « oui », ce pays peut
me désavouer demain, car ni moi ni Asquith ni
aucun autre ne sait avec certitude ce que l'homme
de la rue, la presse et le Parlement diront si cela en
arrive là. Tout dépendra alors des circonstances, et
de la façon dont commencera l'attaque ou tout au
moins dont elle aura l'air de commencer.

– Et cependant je devrais menacer ! songe-t-il
encore. À Berlin et à Vienne les militaires poussent
à la guerre, et cette terrible armée allemande, mieux

préparée que celles de ses ennemis, peut espérer vaincre deux alliés, mais elle ne peut espérer en vaincre trois.

Au plus haut point de cette lutte intérieure, Grey, ainsi qu'il l'écrit plus tard, était dans l'état d'esprit suivant : « *Un danger planait devant moi, si effroyable qu'il fallait calculer toute parole... capable de le prévenir : la France et la Russie, ayant foi en notre appui, pouvaient se lancer dans une guerre contre l'Allemagne ; mais si cet appui venait à leur faire défaut, on nous rendrait responsables, alors qu'il serait trop tard, de les avoir entraînées dans une guerre fatale.* »

Comme dans une tragédie de l'Antiquité, l'homme au pouvoir est dans une situation désespérée ; de toutes les forces de son cœur et de son esprit il cherche à éviter le faux pas dont il prévoit les conséquences fatales ; mais quoi qu'il puisse faire, la situation sera fausse, fatalement, et cela en raison d'une faiblesse qui, il y a des années, l'a poussé à des demi-mesures. Petite est sa faute, pure sa volonté, grande sa confusion, réel son effort, tragique la fin comme dans une tragédie d'Eschyle.

CHAPITRE VIII

Les impatients

Durant trois jours et trois nuits, le rapide emporte un homme qui, seul, songe fiévreusement : c'est Iswolski, son cerveau est le cerveau le plus tourmenté de l'Europe, son cœur est en ce moment le cœur le plus passionné. Véritable allégorie, il traverse précisément l'Allemagne, se rendant de Saint-Pétersbourg à Paris : courrier de l'épouvante. Avoir désiré cela si longtemps, le sentir si proche – et cela vient trop tôt ! De tout son être il voulait cette guerre, mais il avait mis son ministre en garde contre toute précipitation et contre les menées de Hartwig à Belgrade. Pas avant 1917, et seulement quand les circonstances seraient très favorables ! Le temps aurait raison de cette Autriche détestée : et alors viendrait l'heure d'Iswolski ! Quoi, aujourd'hui ? Sera-t-on trop hardi à Paris ou ne le sera-t-on pas assez ? Frustré de quelques années peut-être, de quelques heures sûrement ! Si seulement la dépêche de Belgrade était arrivée deux heures plus tôt à Saint-Pétersbourg il serait parti à bord du *France*, personne ne l'aurait retenu, ses disciples, ses ennemis eux-mêmes l'auraient bien supplié ; il aurait passé ces journées décisives en compagnie du Président, heures irrémédiablement perdues au cours desquelles il aurait étudié le déplacement de chaque pion sur l'échiquier, avec les deux chefs de la France, heures au cours desquelles il aurait, dans le calme et solitaire navire de guerre, étudié, examiné, déterminé chaque pas en avant fait en commun !

Sur le quai de la gare, Paléologue lui avait juré que le moment était venu, il lui avait dit à voix basse : « *Cette fois, c'est la guerre !* » Mais il n'était pas personnellement entraîné par ce sentiment : la vengeance ! Et c'était là ce qui grondait depuis cinq ans, sans trêve, dans l'âme de l'homme d'État russe.

Cet homme incarne, avec son élégance exacerbée, le type du « barine » russe d'éducation européenne. C'est un de ces riches et opulents *dvorianis*, nobles de province qui se considèrent comme la véritable élite de Russie, ne parlant que français chez eux et ayant déjà, alors qu'ils ne sont que des lycéens, des regards profondément méprisants pour le « bas peuple » et ses meneurs inspirés et mal vêtus.

Élevé dans une tradition de fronde à l'égard des dignitaires de Saint-Pétersbourg et des favoris de la Cour, en ambitieux intelligent il profite du pouvoir inébranlé de la vieille impératrice mère vis-à-vis de tous ces gens. Il fait sa cour à Copenhague et intrigue à Saint-Pétersbourg. Un diplomate de la vieille école, engourdi dans de vieilles formules.

Il y a six ans, il était à Buchlau, dans un château de Moravie, assis dans un grand fauteuil, près de la cheminée, en face du comte Berchtold, son hôte autrichien. Des lumières partout, le café servi, les domestiques invisibles, les portes fermées : il se laissa duper par le comte Aehrenthal. L'ombre de Gortchakow ne plana-t-elle pas dans la pièce ? Trente ans auparavant celui-ci avait conclu un accord secret avec l'Autriche : cette dernière pourrait prendre les deux provinces turques qu'elle avait accepté d'administrer, la Bosnie et l'Herzégovine, et les conserver, la Russie garderait le silence ;

l'Autriche en ferait autant de son côté si la Russie procédait à la révision du traité relatif aux Détroits. Le moment était venu d'exécuter cette ancienne convention, alors que de ses auteurs il ne restait plus que des os blanchissant dans leurs caveaux somptueux.

Eh bien, près de cette cheminée l'Autrichien eut raison de lui ! Il ne put se dérober aux questions de la Douma et dut se retirer.

Vengeance pour Buchlau ! Telle fut dès lors sa seule pensée. Le disciple de son ennemi, qui le gênait déjà à Saint-Pétersbourg, ce même Berchtold, l'hôte lors de cette rencontre est devenu entre-temps ministre des Affaires étrangères à Vienne. Le battre, anéantir l'Autriche au bon moment, tels seront les motifs qui le feront agir en toute circonstance. Et il intrigue avec les Serbes, pousse Tittoni à marcher sur Tripoli, pousse les Balkans à faire la guerre à Stamboul, c'est-à-dire à l'Autriche, et aussi la Roumanie ; il devient ambassadeur à Paris pour importuner constamment la France. Rien à faire avec Caillaux, poltron et germanophile. Poincaré arrive alors, M. Louis, trop tiède, doit quitter Saint-Pétersbourg, tous les postes sont occupés par des gens favorables au tsar. Poincaré entre à l'Élysée, son influence s'accroît tous les jours au lieu de diminuer, il enchante le tsar à Paris, et quand Iswolski lui montre son œuvre, l'accord secret serbo-bulgare contre les Turcs, Poincaré s'écrie, avant même d'en avoir terminé la lecture : « *C'est l'instrument de la guerre !* » et le Russe déclare qu'il ajoute : « *Si le conflit amenait une intervention armée de l'Allemagne,… nous n'hésiterions pas une minute à tenir nos engagements envers la Russie.* » Il insiste, il est vrai, sur le fait que l'Allemagne doit attaquer la première.

Depuis Agadir et depuis la conversation des deux

alliés, la pensée de la revanche, qui allait en s'éteignant en France, se réveillait, et la visite du roi d'Angleterre la renforça énormément. Ceux qui poussaient à la guerre n'étaient toujours que quelques douzaines, quelques centaines – là comme dans tous les coins d'Europe, – mais ils parlaient haut, ils étaient puissants et savaient très bien s'y prendre. Le comte Benckendorf écrivait en Russie en février 1913 : « *Si je me répète les paroles prononcées par Cambon au cours des conversations que j'ai eues avec lui, et si je tiens compte de l'attitude de Poincaré, j'ai l'idée, et bientôt c'est une conviction que, de toutes les puissances, la France est la seule qui, pour ne pas dire qu'elle désire la guerre, la verrait arriver sans grand regret.* » Pour la première fois depuis 1870, Poincaré s'assit en qualité de Président à la table de l'ambassadeur d'Allemagne. Avec ce fonctionnaire on pouvait parler ouvertement, Barthou lui dit en face : « *Rendez-nous l'Alsace-Lorraine, alors nous serons les meilleurs amis de la terre !* »

Cette année-là on envisageait la guerre : le gouverneur militaire de Paris, le général Michel, demande à la Commission du budget des réserves de farine extraordinaires pour la capitale, car « *nous sommes dans une année exceptionnelle, nous ne savons pas si nous ne mobiliserons pas en mars ou en avril* » !

En mai, l'ambassadeur de Belgique disait que le chauvinisme s'était incontestablement accru en France : « *Ils prétendent que maintenant, ils sont sûrs de vaincre* » ; un vieux diplomate lui dit au même moment : « *Qu'une difficulté surgisse maintenant, et les chefs de ces deux États devront se mettre d'accord dans les trois jours, sinon ce sera la guerre !* » Fin mai on s'énerva parce qu'on mettait sur des scènes berlinoises des soldats de la Légion étrangère en uniforme ; on fit en même temps paraître des Allemands à Paris dans des rôles pitoyables. Et à la Fête nationale des troupes noires brillèrent pour la première fois à la revue.

Depuis deux jours, le ministère et la presse expriment leur fureur à cause de l'ultimatum à la Serbie, et particulièrement à cause de l'instant choisi… Personne ne veut croire que l'Allemagne ne sait rien, malgré ses assurances, on la tient pour responsable de la conduite de Vienne. La rente française tombe plus bas qu'elle ne l'a jamais fait depuis 1870, on est dans l'obligation de fermer la Bourse, tout le monde est convaincu que l'Allemagne veut la guerre. C'est M. Bienvenu-Martin, homme âgé, qui, au ministère, représente les deux présidents actuellement en mer, il est en communication constante avec eux par sans-fil, mais le talent oratoire personnel fait défaut. Il discute tout d'abord au sujet de la conférence proposée la veille par Grey. Cet intérimaire s'entretient avec l'ambassadeur d'Allemagne :

« *On a été très touché ici*, dit M. Bienvenu-Martin, *que vous vous soyez adressés à nous pour le maintien de la paix en commun.*

« – *L'Allemagne et la France sont toutes deux animées de l'ardent désir de la paix*, dit le baron de Schoen. *C'est de Saint-Pétersbourg que tout dépend.*

« – *En ce qui me concerne, je suis tout disposé à exercer sur Saint-Pétersbourg une influence calmante, quand j'aurai l'assurance de l'Autriche-Hongrie qu'aucune annexion n'est en projet.*

« – *Des observations faites à Vienne par toutes les puissances ne s'accorderaient pas avec notre point de vue de laisser l'Autriche-Hongrie et la Serbie s'arranger seules.* »

Les entend-on mentir ? Sent-on l'air vicié des Cabinets, qui ne portent pas pour rien ce nom ? Le même jour, le Kaiser écrit avec raison, ne pensant toutefois qu'au Français, au bas du dernier rapport venu de Paris : « *Blague diplomatique.* »

CHAPITRE IX

Ceux qui protestèrent

Où était la raison ? Avait-elle quitté l'Europe, après s'être montrée plusieurs fois en vain avec des regards suppliants derrière les fauteuils des diplomates ? Cette lente trame de préparatifs l'avait-elle plongée dans le désespoir ? Le sourd battement des doubles portes capitonnées, les poignées de main glissantes des diplomates, le froissement des livres chiffrés, la friture des téléphones, les cartes d'état-major, le sourire faux de tous ces seigneurs et souverains y avaient-ils contribué ? Ou bien était-elle fatiguée de tous ces individus qui travaillaient silencieusement, dans leurs vieux palais aux portes fermées, à de petites machines infernales destinées à faire explosion au bon moment et à plonger toute une partie du monde dans un effroyable vacarme. Ayant perdu toute espérance, la raison avait abandonné les Cabinets et elle était descendue dans la rue.

Une rumeur se fait entendre dans les villes. Ayant quitté les vingt à trente grands personnages d'Europe, elle s'est mêlée à des millions d'êtres, à ceux qui n'ont pas de nom, parce que les grands personnages, ceux qui portent de grands noms, l'ont trahie. Elle pousse maintenant les esclaves à protester. Ils sont tout disposés à le faire, il n'y a pas besoin d'insister ! Couverts de sueur, ils murmurent sourdement ; c'est derrière leurs étaux et leurs tours, leurs chaudières et leurs marteaux, leurs moteurs et leurs cylindres, qu'ils prennent connaissance de ce que dit le journal au sujet de l'orage qui menace.

Mais le soir ils fuient ces tristes lieux, ils quittent leurs faubourgs étroits et malpropres et se rendent dans les magnifiques quartiers riches, ils sont quelques amis groupés, d'autres sont avec leurs femmes, et, avant même de s'en être rendu compte, avant même de l'avoir voulu, ce sont des milliers de visages semblables qui se rencontrent aux coins des rues animées ; le bruit de la rue parvient dans les cafés dont les glaces sont ouvertes, tandis que de ceux-ci s'entendent les sons des orchestres. C'est là que tous ces gens énervés et las se rencontrent ; ils ne se connaissent pas, mais ils se reconnaissent à leurs habits, à leurs regards, à leur teint, et de mêmes pensées les agitent.

Il y a quelques jeunes gens parmi eux, ils sifflent, appellent : « Venez, venez donc ! Je sais où se trouve le ministère ! En avant ! » Et soudain ils se forment en colonnes, ils se rangent par cinq, par huit ; ils en ont l'habitude, ils ont été soldats, les filles se prennent par le bras, les femmes restent les mains ballantes près de leurs hommes. Les policiers armés leur lancent méchamment des regards aussi brillants que les boutons de leurs uniformes, et les laissent passer cependant. Et ministres et ambassadeurs, secrétaires d'État, généraux et conseillers d'ambassade, lords, comtes et grands-ducs, quittent leurs fauteuils rembourrés pour aller à la fenêtre : car une rumeur monte de la rue.

Ne dirait-on pas un défilé, ils n'ont pourtant pas encore donné l'ordre de marcher ? Qui ose ainsi s'attrouper avant qu'empereur ou président ait signé le décret ? Veulent-ils donc obtenir ce décret de force ?

« *La paix ! La paix ! À bas la guerre !* »

– Allons bon ! Les socialos ! Les comtes de la guerre à Vienne se prennent à sourire, le chancelier à Berlin abaisse des regards d'effroi, les yeux du grand-duc s'allument, pleins de haine, à Londres le Premier évalue en silence l'importance de la masse, ses cris et ses gestes, tandis que le Français, qui émane d'elle, se mord les lèvres.

« *Frieden ! Frieden ! Wir wollen keinen Krieg !* », telle est la rumeur qui retentit mille fois du Brandenburger Tor jusqu'à la Wilhelmstrasse, et au parfum des tilleuls se mêle une sorte de vapeur provenant des vêtements baignés de sueur de ces milliers de gens et qui monte jusqu'aux fenêtres du grand ministère.

« *Frieden ! Frieden ! Nieder mit dem Krieg !* », cette rumeur part au même moment du Burgring à Vienne, des marches du Parlement soigneusement fermé, passe par-dessus les arbres du Volksgarten, plein de tumulte, et s'élève jusqu'aux fenêtres du Ballhausplatz.

« *À bas la guerre ! Vive la paix !* », entend-on au même moment sur les deux ponts de la Seine qui mènent au Quai d'Orsay, les pas s'entendent jusqu'aux sombres fenêtres de l'Élysée, les accents entraînants de *La Marseillaise* s'élèvent, demandant la liberté des peuples, et cela près de la demeure de ce même Président qui, en mer, se demande impatiemment si tout va se compliquer et que va amener la témérité des généraux du tsar – de ces généraux qui ont fait défiler les troupes impériales devant lui au son de cette même *Marseillaise*.

« *Peace ! Peace ! No war !* », crie-t-on au même moment à Trafalgar Square et les partisans de la paix, du haut des marches du plus grand monument commémoratif d'une guerre, réclament la paix du monde.

Mais à la même heure la rumeur est étouffée à Saint-Pétersbourg : on a immédiatement chassé les manifestants à coups de knout et de plats de sabre, on les a fait piétiner par les chevaux, on les a tués à coups de revolver. Les patriotes, ah ! oui on veut bien les entendre et les voir en masse ; en tête une automobile, avec un général à l'intérieur, puis des étudiants et des officiers chantant et agitant des étendards, voilà ce qu'il faut voir dans les grandes artères. En tout cas, on organise en secret et rapidement une censure des lettres et des télégrammes.

Derrière un voile plus sacré que celui de Saïs, les diplomates des grandes puissances s'apprêtaient à la guerre, à laquelle par la suite se dérobèrent tous les chefs qui la décidèrent. Mais ceux qu'ils condamnèrent à mort dans le silence de leurs Cabinets, que la toute-puissance de l'État contraignit à marcher au roulement ininterrompu du tambour, étaient éveillés et paraissaient résolus à se défendre : c'est en vain que les différentes sociétés de paix répandues dans le monde firent entendre la voix des idéalistes, c'est en vain que le Vatican se hasarda à quelques démarches.

La destinée de l'Europe devait être établie pour ainsi dire par une seule classe, mais une autre classe était appelée à la changer. Les puissants n'avaient jamais pu se mettre d'accord sur un tribunal arbitral, mais depuis un demi-siècle les faibles s'étaient associés et ils tentèrent de sauver pour l'humanité ce qu'ils désiraient pour leur classe. Philosophes et professeurs de droit ne communiquaient aux peuples leur morale de la paix que dans des chambres où on semblait avoir fait le vide, mais l'histoire avait besoin de l'égoïsme sacré des pauvres et des opprimés pour clamer contre la guerre.

Comme ils n'avaient rien à espérer de la lutte et de l'ambition des nations, leurs regards inflexibles déchiraient le voile de la fausse emphase des drapeaux et des discours, des victoires et des chants de héros ; avec des gestes de somnambules ils cherchaient à atteindre les doigts rudes et osseux de leurs frères, de leurs ennemis. Les blocs supérieurs de la pyramide artificielle rayonnaient implacablement dans le désert : alors les couches inférieures, gémissant sous le poids des siècles, commencèrent lentement, pouce par pouce, à s'ébranler.

« *La guerre fait surtout du tort à la classe ouvrière, elle lui prend son pain, elle lui prend aussi son sang ; la paix armée paralyse la production ;... aussi décidons-nous de prendre part sans réserve au congrès de la Paix de Genève, afin d'arriver aussi vite que possible au désarmement ainsi qu'à la formation et à l'unification des États libres d'Europe.* » Telle fut la première résolution des ouvriers contre la guerre, prise au congrès de Lausanne. Malgré des querelles de partis, malgré des modifications de programme, cette idée survécut, proclamée à nouveau tous les deux ans, gagnant des millions d'êtres. Quarante années de paix n'avaient pas endormi les esprits : le moment était venu de proclamer un veto radical !

Le signal fut donné parmi leurs chefs par l'ultimatum du comte Berchtold, et, tandis que les diplomates transmettaient des milliers de dépêches chiffrées en vue de ne pas se mettre d'accord, les ouvriers de leurs pays n'eurent pas besoin de télégraphe, dans la surprise du premier moment, pour dicter à leurs chefs, dans les grands centres du monde entier, à la même heure, la même façon d'exprimer les sentiments de la masse.

Voici quelques extraits caractéristiques des manifestes.

Berlin. Proclamation du parti social-démocrate :

« *Pas une goutte de sang de soldat allemand ne doit être sacrifiée pour satisfaire le besoin de puissance des maîtres de l'Autriche !... Une guerre mondiale nous menace ! Les classes dominantes, qui en temps de paix vous garrottent, vous méprisent, vous exploitent, veulent vous utiliser comme chair à canon. Que le même cri retentisse aux oreilles de tous ceux qui sont au pouvoir : nous ne voulons pas de la guerre ! Vive la fraternisation internationale des peuples !* »

Vorwärts, 25 juillet : « *Ils veulent la guerre, ces gens sans conscience qui, à la Hofburg de Vienne, ont de l'influence et provoquent les décisions. Ils veulent la guerre – depuis des semaines la presse qui y pousse, la presse noire et jaune retentit de cris sauvages. Ils veulent la guerre – l'ultimatum de l'Autriche à la Serbie en est la preuve éloquente à la face du monde entier...*

« *C'est parce que le sang de François-Ferdinand et de sa femme a coulé sous les balles d'un fanatique insensé, que le sang de milliers de paysans et d'ouvriers doit couler, le crime d'un fou doit être dépassé par un crime plus fou encore.*

« *Cet ultimatum est, en effet, rédigé de telle façon, les revendications y sont formulées avec une telle effronterie, qu'un gouvernement serbe qui accepterait humblement cette note doit compter avec la possibilité d'être chassé par les masses populaires entre le potage et le dessert.*

« *Dans son chauvinisme, la presse allemande a commis un crime en excitant à l'extrême les convoitises belliqueuses du cher allié; sans aucun doute M. de Bethmann-Hollweg a promis sa protection à M. Berchtold. Mais à Berlin on joue un jeu tout aussi dangereux qu'à Vienne.* »

Leipziger Volkszeitung, 24 juillet : « *Les milieux chauvinistes d'Autriche ont fait complètement banqueroute, leurs hurlements nationalistes sont destinés à masquer leur ruine économique, la guerre avec ses brigandages et ses crimes est destinée à remplir leurs caisses.* »

Vienne, *Arbeiterzeitung* : « *La note du comte Berchtold est toute tachée de sang, de ce sang qui doit être versé dans une cause pour laquelle toutes les possibilités de réalisation d'une paix honorable étaient données... Au nom de ceux qui souffrent, au nom de ceux qui sont dans le besoin, nous rejetons la responsabilité de cette calamité sur ceux qui entreprirent cette démarche qui nous mène à une épouvantable catastrophe.* »

Budapest : « *À la veille de la guerre, nous déclarons au nom du prolétariat hongrois que notre peuple ne veut pas de la guerre, et qu'il tient pour criminels ceux qui ont provoqué cette destinée et qui seront fixés au pilori de l'histoire.* »

Paris. Le journal d'Hervé et onze autres journaux parisiens, six syndicats et associations similaires lancent à la fois un ordre de grève générale, en province aussi, conformément à la résolution prise par leur Congrès : « *Parmi tous les moyens d'éviter la guerre et d'amener les gouvernements à un arbitrage, le meilleur nous paraît être la grève générale dans tous les pays intéressés.* »

L'Humanité : « *La note autrichienne est effroyablement dure. Elle paraît calculée en vue de profondément humilier le peuple serbe ou de l'écraser. Les conditions que l'Autriche veut imposer aux Serbes sont telles qu'on doit se demander si la réaction cléricale et militariste d'Autriche ne désire pas la guerre et ne veut pas la rendre inévitable. Ce serait le plus monstrueux des crimes.* »

Tels sont aussi les appels au peuple émanant de Londres, de Rome et de Bucarest, de Berne et de Stockholm ; les mêmes résolutions viennent par câble de Nouvelle-Zélande et de Californie. Des feuilles démocrates lancent aussi des avertissements :

Saint-Pétersbourg, *Rietch* : « *L'ultimatum austro-hongrois est une quittance donnée aux dépêches fanfaronnes du* Matin *de Paris. La seule possibilité pour la Triple Entente d'éviter d'être entraînée dans le conflit, reste la localisation de la question serbe et l'absence d'encouragement donné à la Serbie.* »

Même à Berlin on accuse à juste titre l'Autriche : « *De tous les peuples et de tous les gouvernements que leurs alliances ont mis dans cette effroyable situation, il n'y en a pas un qui veuille la guerre. Le peuple allemand est résolument pacifique et désire de toute son âme que ce malheur soit écarté; nous sommes certains qu'en Italie, en France et en Angleterre règne le même besoin de paix. Le gouvernement allemand n'a pas plus envie de faire la guerre qu'aucun des autres gouvernements intéressés. Jamais encore une guerre n'a été aussi peu désirée par ceux qui doivent la faire, et cependant, malgré les vœux des nations et de ceux qui les dirigent, la catastrophe mondiale est proche. Était-ce inévitable, cela devait-il arriver, c'est ce qu'on ne peut déterminer actuellement – l'opinion publique se trouve en Allemagne, comme nous l'avons répété à maintes reprises, en présence de faits accomplis... L'Europe attend le prince ou l'homme d'État qui s'entendra avec la belliqueuse Autriche et s'interposera entre les peuples en péril.* » (Théodore Wolff dans le *Berliner Tageblatt*.)

C'est avec autant de courage que d'intelligence qu'un « profane », qu'aucun des diplomates n'eût pris au sérieux, Arthur Bernstein, médecin à Berlin, écrivait le 30 juillet dans le *Berliner Morgenpost* un article prophétique intitulé : « *Dernier avertissement* », article qui fut composé mais ne put être imprimé parce que la proclamation du « danger de guerre imminent » avant le soir n'eût pas permis de publier le journal avec cet article. Ce n'est que cinq ans plus tard, quand on manqua de plomb, qu'on le retrouva et que ce superbe document fut sauvé de l'oubli. Il disait :

« *Il n'y a plus aucun doute, les Nicolaïévitch, de part et d'autre, veulent la guerre… Les militaires sentent de la gloire dans l'air, et, comme les hommes politiques responsables n'ont jamais droit à la parole en Allemagne quand les militaires sont en conversation. Bethmann et Jagow vont se résigner. À l'égard de Bethmann quelques précautions particulières ont été prises; s'il fait trop de façons on frappera froidement au cœur même de sa vie privée. Ce n'est pas propre, mais c'est à l'heure actuelle une "nécessité nationale"… Dans quelques jours personne ne pourra dire la vérité et encore moins l'écrire.*

« *En conséquence, au dernier moment : Ceux qui poussent à la guerre se trompent. Primo : il n'y a pas de Triple Alliance. L'Italie ne marchera pas, en tout cas pas avec nous; si elle marche ce sera du côté de l'Entente. Secundo : l'Angleterre ne restera pas neutre, elle viendra au secours de la France… L'Angleterre ne tolérera pas non plus que les armées allemandes passent par la Belgique, plan stratégique universellement connu depuis 1907. Et que l'Angleterre combatte contre nous, alors tout l'univers anglais se dressera contre nous, en particulier l'Amérique. Et plus probablement l'univers tout entier. L'Angleterre jouit, en effet, d'une estime générale, même quand on ne l'aime pas, ce qu'on ne peut malheureusement pas dire de nous. Tertio : le Japon n'attaquera pas la Russie, c'est nous qu'il attaquera très probablement… Quatrièmement : les États scandinaves (nos frères "germaniques") nous vendront ce qu'ils auront de superflu mais ils ne nous sont certainement pas favorables. Cinquièmement : l'Autriche-Hongrie est au point de vue militaire à peine à la hauteur des*

Serbes et des Roumains. Économiquement parlant, elle peut survivre à la famine pendant trois ou même cinq ans. Elle ne peut rien nous donner. Sixièmement : la révolution n'éclatera en Russie que si les Russes sont battus…

« *Nos ambassadeurs connaissent parfaitement la situation. M. de Bethmann doit lui-même la connaître. Il n'est pas admissible qu'il laisse indignement le Reich s'engager dans une guerre de trois à cinq ans et que, par crainte des menaces des pangermanistes et des militaires, il ne tienne pas compte de ses responsabilités. À la fin de la plus effroyable des guerres que le monde aura jamais vue, serons-nous vainqueurs, c'est ce qu'on ignore. Mais, même si nous gagnons la guerre, nous n'en tirerons aucun bénéfice… À la fin du massacre on ne trouvera plus d'argent nulle part pour les indemnités de guerre… L'Allemagne aura fait la guerre pour rien, de même qu'elle sera entrée en guerre pour rien. – Un million de cadavres, deux millions de mutilés et cinquante milliards de dettes, tel sera le bilan de cette "guerre alerte et joyeuse". Rien de plus.* »

Le *Berliner Lokalanzeiger* par contre – pour ne citer qu'un exemple entre cent journaux qui poussent à la guerre – écrit : « *L'impression faite par la note austro-hongroise se résume en peu de mots : dure, mais juste. Il y aura peut-être des gens qui prétendront que les exigences de la note de Vienne sont trop fortes ; à ceux-là on ne pourra que rappeler les faits qui ont contraint la monarchie du Danube à faire cette démarche. Si la foi en la perpétuité de l'idée monarchique en Europe ne doit pas être autrement mise en question, un sentiment de justice et de solidarité politique et monarchique doit aussi exister, et l'on doit y compter en Serbie. La Serbie consentira aux exigences de l'Autriche, sinon elle périra.* »

À Vienne, le *Reichspost* alla jusqu'à saper le

travail de Grey et écrivit, manifestement inspiré par Berchtold, en manchette d'une édition spéciale : « *L'épée extraite du fourreau par l'Autriche-Hongrie ne peut plus y être remise à la suite de propositions de médiation faites par l'Angleterre !* »

*

Le péril s'accroît dans les derniers jours de juillet, et avec lui la résistance de ceux qui protestent, mais les caractères des peuples s'estompent, leur image ressemble à un éventail rouge dont les bords vont de l'orangé au mauve.

De Russie, on n'entend pour ainsi dire rien : les doigts de fer des Cosaques s'enfoncent dans la gorge de ceux qui veulent crier. Seule la Douma jouit d'une certaine liberté, et au début de la guerre quelques voix peuvent se faire entendre.

Si les internationalistes se tiennent tranquilles ici parce que ceux qui détiennent le pouvoir paraissent décidés à faire la guerre, ils en font autant en Angleterre parce que celle-ci se croit neutre. Les journaux de Londres ne poussent pas de cris d'alarme, le *Financial News* continue même jusqu'au 4 août à ne donner dans ses trois premières pages que des informations financières et économiques. Les petites manifestations organisées par les Français de Londres n'ont pas grande signification ; ils tentent avec quelques jeunes gens de faire flotter leurs drapeaux en commun dans le faible vent de ce chaud mois de juillet. Personne ne croit à la guerre dans l'Île, pas plus dans la rue qu'à la Bourse, pas plus les ouvriers que les chefs d'entreprise, et, parmi tous les arguments contraires un tract des socialistes ne choisit que le plus populaire :

« *Pourquoi aiderions-nous la Russie à dominer le Continent ? Pendant la guerre de Crimée nous avons donné cinquante millions de livres pour cette Russie qui menace notre empire des Indes. Au cours des dernières semaines on a encore tué de paisibles citoyens à coups de fusil dans les rues de sa capitale. Où le danger est-il le plus grand pour nous : soixante-cinq millions d'êtres de notre sang, activement occupés dans le commerce et dans une industrie de paix, ou bien cent soixante-dix millions de Russes, esclaves d'une autocratie pourrie !? »*

C'est dans les rues de Londres que les protestations commencent le plus tardivement à se faire entendre, mais c'est là également qu'elles dureront le plus longtemps – plus exactement elles ne cesseront jamais.

À Berlin, dès le lendemain, des cortèges de jeunes gens se forment, ils défilent Unter den Linden avec des drapeaux, chantant, criant : «*À bas la Serbie !*», heureux de pouvoir manifester pour la première fois sans être dérangés par la police. Celui qui les voyait, ces jeunes gens en quête d'aventures et dépensant en agitation une force vitale sans but, ne les oubliait que trop vite en pénétrant dans une des vingt-sept réunions au cours desquelles des milliers d'ouvriers, sombres, énervés, irrités, applaudissaient cette résolution :

« *L'Autriche avec son ultimatum a brutalement déclaré la guerre à la Serbie… Le prolétariat russe a héroïquement mis sous les yeux du régime tsariste avide de sang un menaçant* Mane, thecel, pharès… *Les ouvriers français et les ouvriers allemands ont protesté avec feu contre le crime de ceux qui poussent à la guerre. Il n'est donc pas vrai que les masses de ces pays soient dans des dispositions belliqueuses.* »
Et dans trente-deux villes industrielles allemandes ce fut ce soir-là le même cri.

Ce n'était cependant que dans les réunions privées qu'il était permis d'élever des protestations, uniquement sous un toit, afin qu'elles ne pussent parvenir aussi facilement aux oreilles de Dieu. En plein air on ne tolérait que des hourras, le *Siegerkranz* par anticipation à l'égard du Kaiser, et la haine envers des frères qui se trouvaient de l'autre côté d'une frontière politique.

Quelques centaines d'hommes l'osèrent cependant ; venant de la Friedrichstrasse, ils se rendirent Unter den Linden, chantant résolument l'hymne des travailleurs. De l'autre côté, par le Brandenburger Tor, arrivent des jeunes gens qui mettent l'Allemagne au-dessus de tout. Police à cheval, heurt, bagarre, la rue est dégagée, la foule est repoussée ; à l'angle de la Wilhelmstrasse nouvelles manifestations ; dans la Schadowstrasse nouvelles bousculades. L'allée médiane Unter den Linden vibre sous les sabots des chevaux, de plus en plus nombreux. Ceux qui résistent sont arrêtés. On repousse les ouvriers de plus en plus agités, afin qu'on ne voie rien des fenêtres des ambassades à l'entour, et que personne ne puisse télégraphier de celles-ci qu'il se trouve en Allemagne des gens qui ne sont pas disposés à se battre.

La foule est ainsi repoussée Unter den Linden, et les ouvriers battus se retirent vers le nord en chantant, tandis que les autres se précipitent vers le château. Le Kaiser là-bas se fait protéger contre son peuple : on maintient un large espace vide tout autour du château. La voix affectueuse des sujets, leurs chants, ne peuvent arriver jusqu'au souverain.

Le *Vorwärts* a encore deux jours pour crier des vérités : « *À l'ordre de mobilisation des gens au pouvoir, il n'y a qu'une réponse à faire : mobilisation du peuple, à titre permanent !* » Et à la fin : « *L'empereur d'Allemagne, en sa qualité d'allié de l'Autriche, porte la guerre ou la paix dans les plis de sa toge, c'est lui qui décidera… Malheureusement la camarilla de*

ceux qui poussent à la guerre est à l'ouvrage, et, avec
une complète absence de scrupules, elle fait tout pour
contrecarrer les agissements du gouvernement et
pour provoquer cette effroyable chose – la ruine de
l'Europe ! »

Mais le Kaiser, qui n'a pas lu cela, qui ne s'est
jamais trouvé en face d'un socialiste, et qui a eu
connaissance des manifestations, note en marge du
rapport : « *Cela ne doit pas être toléré. En cas de réci-*
dive je proclamerai l'état de siège et ferai coffrer tous
les meneurs, sans en excepter un. »

L'œuf de Christophe Colomb !

*

Quel avertissement du ciel ! Les chefs du peuple
de toutes les nations ne sont-ils pas réunis précisément à Bruxelles, leur point de concentration ? Le
matin ils se sont consultés, se sont complimentés les
uns les autres au sujet de la pression exercée sur
leurs gouvernements respectifs, et ils ont décidé que
leur prochain congrès se tiendrait le 9 août, à Paris
même, afin de montrer au monde entier qu'ils sont
bien d'accord. Mais le soir, dans un énorme cirque
où il fait terriblement chaud, huit mille ouvriers de
Bruxelles sont entassés et se montrent les chefs à
la tribune : celui-ci, qui préside, c'est Vandervelde,
leur compatriote, tous le connaissent, il est un peu
pâle et fait preuve de prudence, ainsi que Troelstra,
assis à côté de lui. Là, c'est Keir-Hardie, belle tête
d'idéaliste décidé, qui apporte les vœux pacifiques
de l'Angleterre, et, près de lui, Rubinovitch, qui
venait de diriger les dures grèves de Saint-Pétersbourg. Haase, chef des Allemands, très intelligent,
plus maladif peut-être que passionné : c'est sur lui,
la tête du parti le plus fort du monde, que se portent
tous les regards, il fait connaître ce qui s'est passé

hier à Berlin, l'appel à la paix de ses frères est une garantie contre tous les Tirpitz et les Berchtold.

Mais quoi ? Qui se dresse maintenant à la tribune ? Un homme à la tête de lion, blond, lourd, on le prendrait pour un Chérusque. Écoutez donc sa voix maintenant que le murmure de ces milliers de gens s'est apaisé ! Car ils l'aiment, et c'est pour cela que durant des minutes ils l'empêchent de parler. C'est leur chef, c'est actuellement la conscience de l'Europe. Il est originaire du pays de la révolution et de la liberté, il a combattu pour elle au milieu de tous les partis de son pays, il l'appelle sous le ciel de ce pays. C'est le roi sans couronne de millions d'êtres de l'Ancien et du Nouveau Monde, le chevalier de la fraternité. Il chante l'amour de l'humanité. C'est le Tribun. C'est Jaurès.

Celui qui est debout là-bas, pas très grand, plutôt trapu, un homme dans les cinquante-cinq ans : est-ce là un prophète moderne ? Est-ce là un philanthrope ? Il n'a pas l'air d'un fanatique, il n'a pas d'auréole tragique ; il paraît plein de la joie de vivre et du désir de la procurer à beaucoup de ses frères. Enfant pauvre, il peut poursuivre ses études grâce à des bienfaiteurs, à vingt-cinq ans il est déjà député et professeur de philosophie, il a amassé une somme énorme de connaissances, pour se montrer à soi-même et montrer aux hommes ce que son cœur savait dès le début. Mais son amour des hommes – trait fondamental de ce grand lion enfantin – se manifestait surtout quand il parlait ; que ce fût à une, à trois ou à mille personnes. Il aime la France, il a grandi dans la belle campagne du Languedoc, mais il aime l'Europe avec autant de force et de naturel, et il ne peut pas comprendre pourquoi les différents pays qui la composent se combattent. C'est en vue de réconciliation, non pour le combat, c'est par justice, non par haine, qu'il est devenu socialiste, et ce qu'il dit le prouve.

Que dira-t-il donc en cet instant de la destinée ?

« *Nous, socialistes français, notre devoir est simple. Nous n'avons pas à imposer à notre gouvernement une politique de paix. Il la pratique. Moi, qui n'ai jamais hésité à assumer sur ma tête la haine de nos chauvins par ma volonté obstinée, et qui ne faillira jamais, d'un rapprochement franco-allemand, j'ai le droit de dire qu'à l'heure actuelle le gouvernement français veut la paix.*

« *Le gouvernement français est le meilleur allié de paix de cet admirable gouvernement anglais qui a pris l'initiative de la conciliation et il donne à la Russie des conseils de prudence et de patience.*

« *Quant à nous, c'est notre devoir d'insister pour qu'il parle avec force à la Russie de façon qu'elle s'abstienne.*

« *Voilà notre devoir, et, en l'exprimant, nous nous sommes trouvés d'accord avec nos camarades d'Allemagne qui demandent à leur gouvernement de faire que l'Autriche modère ses actes.*

« *Fût-on le maître auguste, on ne peut aller contre la volonté de quatre millions de consciences éclairées.*

« *Savez-vous ce que c'est que le prolétariat ? Ce sont des masses d'hommes qui ont collectivement l'amour de la paix et l'horreur de la guerre. Les chauvins, les nationalistes, ce sont des hommes qui ont collectivement l'amour de la guerre et du carnage. Mais, quand ils sentent sur leurs têtes la menace de conflits, de guerre, qui faucheront pêle-mêle les existences bourgeoises et ouvrières, alors ils se souviennent qu'ils ont des amis qui cherchent à apaiser l'orage. Mais, pour les maîtres absolus, le terrain est miné. Dans l'entraînement mécanique et dans l'ivresse des premiers combats, ils réussissent à entraîner les masses. À mesure que le typhus achèvera l'œuvre des obus, à mesure que la mort et la misère frapperont, les hommes dégrisés se tourneront vers les dirigeants allemands, français, russes, italiens, et demanderont quelles raisons ils peuvent donner de tous ces cadavres. Et alors la révolution déchaînée leur dira : "Va-t'en et demande pardon à Dieu et aux hommes !"*

« Mais, si nous évitons l'orage, alors j'espère que les peuples n'oublieront pas et qu'ils diront : "Il faut empêcher que le spectre sorte de son tombeau tous les six mois pour effrayer le monde !" »

Le cirque retentit de cris formidables. Huit mille hommes ont quitté leur siège, le corps dressé parce que leur âme est soulevée. C'est la vérité ! Ils le sentent tous. Quelqu'un n'a-t-il pas entendu le dernier mot de ce discours ? Le tombeau !

Jean Jaurès ne fera plus jamais entendre sa voix de lion à la foule.

*

Paris connaît une sensation nouvelle. Depuis qu'on a combattu pour ou contre Dreyfus, depuis vingt ans, Paris n'a pour ainsi dire pris aucun événement autant à cœur que le procès de Mme Caillaux, femme de l'ex-président du Conseil, qui avait tué le rédacteur du *Figaro*, pour se venger de sa campagne politique et aussi pour d'autres raisons. Au moment où l'ultimatum s'abattait sur l'Europe comme un cauchemar troublant son rêve estival, les Parisiens écoutaient avec fièvre les discours de l'accusation et de la défense, et dans les journaux les dépêches de Vienne et de Belgrade ne venaient qu'après la série de photographies montrant chaque jour les attitudes de l'élégante meurtrière. Tous ne savaient pas que les conséquences politiques de l'assassinat de Calmette et de l'assassinat de l'archiduc se produiraient en même temps, et que l'acquittement de Mme Caillaux marquait la fin de l'amour de la paix en France.

Lassitude et désir d'avoir toute liberté en présence du nouvel événement plus important amenèrent d'ailleurs l'opinion publique, dont les juges devaient tenir compte, à se décider, car les frères des manifestants de Berlin défilaient déjà sur les Grands Boulevards.

Les socialistes faisaient appel aux leurs :

« *Depuis samedi une foule aveuglée se presse sur les Grands Boulevards et crie : "À Berlin ! Vive la guerre !…" Si ces insensés ne sont pas réduits ce soir même au silence, demain c'en est fait. Venez, venez tous ce soir à neuf heures en face du* Matin *et criez : "À bas la guerre !"* »

Le lendemain, proclamation en vue de préparer la grève générale à Paris. C'est une journée historique : le matin, en effet, la voix d'un socialiste a pour la première fois exprimé un scrupule, placé entre la patrie et l'humanité. Il y a sept ans il a proclamé avec joie à Stuttgart : « *Grâce à nous autres antimilitaristes, l'état-major français est moralement désarmé ; il sait que la guerre serait le signal de la révolte du prolétariat.* » C'est Hervé, et ce qu'il avance maintenant en deux grands articles de son journal est l'indice d'une crise de l'Internationale, crise dont la fin déterminera dans quelques jours le sort de l'Europe. Écoutez sa voix aujourd'hui : qu'est-ce qui l'émeut ? Son âme est-elle agitée de sentiments complexes ? Ou bien croit-il à une attaque brusquée de l'Allemagne ?

« *Quoi ! Notre beau rêve d'une grève générale et internationale contre la guerre, où est-il donc ? Nous avions espéré tourner les peuples contre leurs gouvernements, pour obliger ceux-ci à soumettre leurs conflits à un tribunal arbitral. Mais nos ailes se sont brisées contre la dure réalité et nous sommes retombés sur la terre, chacun dans sa patrie, avec l'unique pensée de défendre celle-ci pour le moment, comme nos pères, contre une invasion brutale !... Si encore c'était une guerre faite en vue de défendre un petit peuple opprimé ! Mais il s'agit du prestige du tsar, de l'honneur du gouvernement russe ! Rabelais, Voltaire, Victor Hugo souriraient dans leurs tombes s'ils entendaient ces mots. L'honneur de Nicolas ne peut souffrir qu'on touche à la Serbie ! Il n'était pas tellement sensible, l'honneur du souverain notre allié, quand il étrangla la Finlande et asservit Polonais et Juifs !... Notre groupe à la Chambre s'imagine que l'intervention de la Russie ne pourrait qu'accroître le danger sans donner de garanties à la pauvre Serbie. Ce serait simplement faire le jeu des Allemands impérialistes et leur faire croire que leur heure est arrivée !»*

«*La patrie est en danger !*», s'écria-t-il le lendemain. «*La patrie de la révolution est en danger. Ici à Paris nous avons déjà supprimé de l'*Internationale *la strophe sur les généraux, et cette* Internationale *expurgée n'est pas autre chose que* La Marseillaise *que nos pères ont chantée il y a cent ans !*»

Le style brillant de cet homme inquiet montre-t-il qu'il évolue ? «*La patrie de la révolution est en danger !*»

Les masses semblent cependant faire encore preuve de fermeté. Le soir où les manifestations ont lieu à Berlin, un meeting monstre est convoqué à Paris par la CGT : il est interdit à la dernière minute, «*parce que les orateurs veulent étudier les moyens d'éviter la mobilisation*»! Est-ce un écho de Guillaume ? Ces messieurs de la République ont-ils lu sa note impériale ? Tous les moyens d'empêcher la guerre sont interdits par raison d'État. Pas d'attroupement, pacifistes ! Dispersez-vous, frères ! Notre prestige est en danger !

Le lendemain, un journal illustré de Paris présente sur la même page, à gauche le Kaiser, à droite Poincaré, acclamés tous deux au moment où ils regagnent leur résidence. C'est d'eux que deux peuples attendent aujourd'hui encore la paix.

CHAPITRE X

Le concert européen

Retournons encore une fois dans ces Cabinets à vue étroite ! Écoutons ce qui exaspère tellement les chefs d'État ! La perspective d'une grande destinée ne va-t-elle pas paralyser notre cœur quand nous plaindrons les pauvres créatures qui cherchent à en arrêter le cours ? Les négociations vont-elles dévoiler de graves problèmes que seule la force permettra de résoudre ?

Mais ce qu'elles voilent n'est que la crainte mutuelle des groupes antagonistes, devenue effroyable. Ce que se disent les quelque vingt personnages de qui dépend le sort de l'Europe ne sera jamais tragique, ce sera triste tout au plus, sublime en aucun cas, ridicule seulement. Aucun des innombrables êtres qui, cinq ans plus tard, après avoir perdu leurs fils et leurs époux, cherchèrent dans les écrits de leurs nations une consolation à la détresse de leur innocente patrie et la trouvèrent dans la conjuration diabolique de l'ennemi, ne devrait lire cette vérité internationale, il se répandrait en malédictions en voyant que l'être qu'il avait de plus cher au monde est mort pour rien en même temps que des milliers d'autres à cause de la légèreté criminelle de quelques comtes viennois, à cause de l'insouciance d'hommes d'État allemands, à cause de l'appétit de domination de grands-ducs russes, à cause de la faiblesse des nerfs de «cousins» couronnés – à cause d'hommes qui, dans leurs fautes et leur avidité, dans leurs vues et leurs désirs, dans leurs dons et leurs vices, ne dépassèrent jamais la moyenne et ne furent grands que dans une chose : dans les moyens qu'ils employèrent pour tromper et anéantir des millions d'êtres qui ne se doutaient de rien.

*

Le comte Berchtold souriait. Il avait appris à cacher toute joie et toute désillusion derrière son masque d'homme élégant ; même quand ses chevaux faisaient un faux départ, à la tribune il souriait. C'est ainsi qu'il ne laissa voir à personne à quel point le retour triomphal de son étalon qui revenait de Serbie lui était désagréable. Le rusé Pachitch s'était reconnu vaincu, le roi d'un pays libre, s'était engagé à maudire publiquement l'idéal de sa race et de sa nation, à chasser ceux qui défendaient leur patrie, tout cela sur l'ordre de son menaçant voisin. Les hommes d'État d'Europe avaient respiré avec soulagement en lisant la soumission de Pachitch le lendemain de la dernière scène à Belgrade.

Berlin seul était mal servi. Par deux fois déjà on avait été carrément trompé par l'allié, car Berchtold était un élève de Metternich, tandis que Bethmann n'était pas l'élève de Bismarck. Berchtold avait traîtreusement caché aux Berlinois «*l'insuffisance*» officiellement déclarée des résultats de l'enquête serbe, si bien que Berlin croyait à un dossier «*suffisant*» pour justifier en partie l'ultimatum aux yeux de l'Europe. Il avait de même certifié à Berlin «*que l'Autriche-Hongrie en ce qui la concernait… n'avait en vue aucune acquisition territoriale*», mais il avait passé sous silence le fait que le Cabinet de Vienne avait résolu, malgré les avertissements de Tisza, « *de réduire la Serbie au profit d'autres États* ».

Et maintenant le texte de la réponse serbe ne fut envoyé au gouvernement allemand ni par les soins de l'ambassadeur d'Autriche ni par celui d'Allemagne à Vienne, et ce n'est que vingt-quatre heures plus tard, vingt-quatre précieuses heures, que, le chargé d'affaires de Serbie l'apportant lui-même, il put aussi être adressé à l'empereur à Potsdam. Il était dix heures du soir quand ce document historique essentiel arriva. Le monarque en différa la lecture.

Le lendemain matin il lit la note ; surpris, il pousse un soupir de soulagement : cette fois encore il n'est pas contraint de faire la guerre, grâce à Dieu, dont la main a évidemment guidé la plume serbe ! N'a-t-il pas montré qu'il n'avait pas peur ? N'a-t-il pas presque jeté le gant ? Vienne a vaincu, Bucarest est prévenue, Sofia reprend courage. Un grand geste d'honneur et la fidélité des Nibelungen ont encore une fois sauvé le vieil allié !

Et l'empereur écrit en marge : « *Magnifique résultat dans un délai de quarante-huit heures seulement. C'est plus qu'on ne pouvait espérer ! Gros succès moral pour Vienne ; mais maintenant il n'y a plus le moindre motif de guerre, et Giesl aurait dû rester tranquillement à Belgrade ! Je n'aurais jamais mobilisé pour si peu de chose !* » En même temps à Jagow : des négociations pourraient mettre les derniers points au clair, mais devraient donner une satisfaction d'honneur aux Autrichiens ; il faudrait qu'ils fussent en territoire étranger, qu'ils eussent Belgrade en mains à titre de gage. C'est sur cette base qu'il veut négocier.

Un homme nerveux, ayant peur de paraître craintif, parlant sèchement comme un officier ; souverain absolu, habitué à arrêter les choses comme il lui convient : c'est ainsi que cet être, dont l'âme est malade, qui veut toujours paraître, menace d'abord, par impulsion, et est amené à céder, toujours par impulsion ; s'il était à la tête d'une fabrique, d'un régiment, d'une famille, il manquerait de cette stabilité qu'il ne pourrait s'assurer pour son grand empire que grâce à des ministres énergiques et libres.

En ce moment il est absolument paisible ; qu'écrit-il encore de sa main dans les marges blanches de ces documents ? En face d'un article d'après lequel il aurait dû prévoir l'attitude de la Russie : «*Je ne pouvais pas deviner que le tsar se mettrait du côté des bandits et des régicides. Un Germain est incapable d'une telle mentalité, elle est slave ou latine.* »

Entre-temps, le comte Berchtold a répondu un soi-disant dossier contre la Serbie ; le terme de «*note explicative*» ou toute autre expression vieillie lui conviendrait parfaitement. C'est dans un style tout à fait galant que cette ombre de grand seigneur montre comment il voit, de la fenêtre de son Cabinet, une guerre mondiale. «*C'est la première fois depuis la fondation de la Triple Alliance qu'une grande partie s'engage.* » «*Il faut considérer que cette observation ne marque aucune intention hostile à l'égard de la Russie*» ; et quand pour finir tout est en jeu, il parle d'une dernière tentative pour «*détourner*» la guerre européenne.

On goûte ce style qui suit les belles courbes et les volutes du palais dix-huitième siècle, où sont écrites ces phrases, et l'on comprend quel tourment doit causer à Berchtold la question de savoir qui va maintenant «*remettre*» la déclaration de guerre. Giesl était dans l'obligation de partir immédiatement, l'envoyer par la poste ne serait pas sûr, on pourrait prétendre ne pas l'avoir reçue en temps voulu, et un *parlementaire* ne serait pas à sa place avant cette déclaration de guerre. Enfin, on trouve un moyen très simple et vraiment ingénieux ; on la télégraphie à Belgrade, en passant par Bucarest, en français, le 28 juillet à onze heures du matin :

« *Le gouvernement royal de Serbie n'ayant pas répondu d'une manière satisfaisante à la note qui lui avait été remise à la date du 23 juillet 1914 par le ministre d'Autriche-Hongrie à Belgrade, le gouvernement impérial et royal se trouve dans la nécessité de pourvoir lui-même à la sauvegarde de ses droits et intérêts et de recourir à cet effet à la force des armes. L'Autriche-Hongrie se considère donc dès ce moment en état de guerre avec la Serbie.*

« *Le ministre*
« *des Affaires étrangères d'Autriche-Hongrie :*
« *Comte Berchtold.* »

Vienne a seule à répondre de cette première déclaration de guerre. Car au moment même où la nouvelle de cette démarche, attendue il est vrai mais qui pouvait encore être retardée, parvenait au ministère des Affaires étrangères de Berlin, on y achevait une dépêche destinée à Tschirschky pour, selon les instructions du Kaiser, « *intervenir en faveur de la paix* ». Quelques heures plus tard, Berchtold faisait dire à Berlin que la dernière proposition anglaise en vue d'une médiation avait été devancée par les événements, c'est-à-dire par ses agissements. Là-dessus, Bethmann télégraphia aux quatre grands Cabinets que l'Allemagne « *faisait tout son possible pour amener Vienne à s'expliquer ouvertement avec Saint-Pétersbourg* ».

Maintenant que la paix est abattue, le vainqueur, le « *comte Berchtold est d'excellente humeur et fier des innombrables vœux de bonheur qui lui parviennent de partout* ». La joie du comte ne fut que de courte durée ; deux ans plus tard, il répondait à une question qu'on lui posait sur la guerre : « *Laissez-moi donc tranquille. Il y a longtemps que j'en ai assez de la guerre !* »

La presse autrichienne, bouillante d'impatience au cours des semaines précédentes, jette bruyamment son admiration dans la machine : il faut « *cogner* » sur la Serbie.

En ce premier jour de guerre en Europe, Dieu est lui aussi mobilisé pour la première fois. Le vieil empereur, en effet, écrit : « *Conscient de la portée de mes résolutions, je les ai prises en me fiant à la justice de Dieu.* » Le Dieu des Allemands vient ensuite deux jours après dans le télégramme du Kaiser : « *Je joins mes prières aux tiennes, afin que Dieu nous assiste.* » Celui des Russes arrive troisième, le tsar dit à l'ambassadeur d'Allemagne en montrant le ciel : « *Lui seul peut nous aider !* » Après ces trois invocations, on n'a pas plus de considération pour Dieu que pour les hommes : on le traîne trop souvent au combat.

C'est donc au nom de Dieu que, dans ces ténèbres, les premiers coups de feu grondent vers le ciel. Quelques coups de feu seulement, mais leur écho ne s'éteindra pas ! L'Europe est devenue un pays de montagnes : c'est par milliers qu'elles se sont élevées en cette première nuit de guerre entre les peuples, personne n'a le droit de regarder dans la vallée du voisin, d'énormes rochers, des glaciers abrupts sont posés entre des hommes qui, hier encore, malgré leurs différents langages, se comprenaient très facilement, échangeaient travail et marchandises, idées et femmes. L'Europe est devenue comme une Alpe, et c'est pour cela que les innombrables échos de ce premier coup de feu mettent quatre ans à s'éteindre.

Après les premiers coups tirés par les Serbes, vaudeville : le 27, au moment où tout devait dépendre pour le comte Berchtold de la façon d'amener l'empereur hésitant à mettre sa signature au bas de la déclaration de guerre, il disait dans son discours préparé : «*D'après une dépêche du commandant du 4ᵉ corps, des troupes serbes des vapeurs du Danube ont tiré hier sur les nôtres près de Temes-Kubin, et celles-ci ayant riposté il en est résulté une fusillade importante. En fait, les hostilités ont donc commencé.*» Et c'est pour cette raison que Berchtold avait ajouté au bas de la déclaration de guerre : «*D'autant plus que des troupes serbes ont déjà attaqué un détachement de troupes impériales et royales près de Temes-Kubin.*» La chose était tellement plausible que le vieux souverain dut le croire et signa.

À peine le comte eut-il la précieuse signature qu'il raya dans la déclaration de guerre la phrase relative aux coups de feu tirés par les Serbes, qui auraient attaqué les premiers, probabilité difficilement contrôlable ; il s'en excusa le 29 auprès de l'empereur en disant : «*La nouvelle d'un combat près de Temes-Kubin n'ayant pas été confirmée,... j'ai pris sur moi... de supprimer la phrase qui se rapportait à cette attaque dans la déclaration de guerre envoyée aux Serbes.*» Le comte Berchtold n'a donc pas fait que tromper son allié, il a aussi trompé son propre empereur, tout au moins en ne lui parlant pas de la disparition de ce motif de guerre.

*

À Berlin, les négociations étaient conduites par les ambassadeurs de France et d'Angleterre. Jules Cambon, solide, de petits yeux de lynx, c'est l'homme qui sait tout ce qui se passe à Berlin, beaucoup de ce qui se passe à Paris et la majeure partie de ce qui se passe à Londres ; son frère est d'ailleurs ambassadeur en cette dernière ville et le tient au courant. Homme du monde, pas chauvin, démocrate, à son aise dans l'atmosphère byzantine de Berlin, bourgeois de Paris, cet aimable Français se plaît trop dans son poste pour se montrer intransigeant, et il espère rester encore bien longtemps dans le beau palais de la Pariser Platz. Sir Edward Goschen, son collègue d'Angleterre, réservé, cultivé, plus respecté que recherché, souhaite la même chose pour lui-même, et tous deux ont déjà aplani maintes difficultés.

Il en est de même à Vienne avec leurs deux collègues, le vieux M. Dumaine, qui goûte avec autant de plaisir l'air à demi français de la Cour des Habsbourg, et sir Maurice de Bunsen, d'origine allemande, petit-fils d'un ministre de Prusse à Londres. Tous quatre, et particulièrement les deux Anglais, ont en ce moment la tâche de faire accepter les propositions de conférence faites par l'Angleterre, propositions qui se suivent sans interruption. Les Viennois écartant le « *spectre d'une conférence* » à cause de ce nom même, Grey proposa une conversation entre les quatre ambassadeurs : – Que je les aie tous autour d'une table, pensait-il, et personne ne se dressera, ne fût-ce que pour décharger un revolver.

C'est donc l'Anglais qui se présenta le premier à Berlin, et la réponse qu'il reçut n'était pas décourageante. Le lendemain, l'état d'esprit changea entre la matinée et l'après-midi, et Jagow dit à Goschen : « *Ce serait, en somme, ériger une sorte de tribunal arbitral !* » Le soir le Français revient à la charge. Il implore le secrétaire d'État allemand, il est en bonnes relations avec lui depuis des années : en vain.

« *Vous êtes-vous engagé à suivre partout l'Autriche les yeux bandés ? N'avez-vous pas pris connaissance, ce matin, de la réponse faite par la Serbie ?*

« – *Je n'ai pas encore eu le temps de le faire !*

« – *Je le regrette, vous verriez que, sauf sur des points de détail, la Serbie se soumet entièrement. Il semble donc que puisque l'Autriche a obtenu les satisfactions que votre appui lui a procurées vous pouvez aujourd'hui lui conseiller de s'en contenter ou d'examiner avec la Serbie les termes de la réponse de celle-ci. Ou bien l'Allemagne veut-elle la guerre ?*

« – *Je sais que vous le croyez. Mais c'est tout à fait inexact.* »

Cambon parle de responsabilité puis s'en va, mais il se retourne encore une fois vers l'Allemand et lui dit franchement, quoique plus aimablement que Berthelot ne l'a fait hier à Paris :

« *Ce matin j'avais l'impression que l'heure de la détente avait sonné… Agissez donc à Vienne pour qu'elle marche vite ! Il est très important de ne pas laisser se créer en Russie un de ces courants d'opinion qui emportent tout.* »

Trois minutes plus tard le Français est à l'ambassade d'Angleterre, trois maisons plus loin ; on l'écoute, mais on ne peut tout de même pas lui déclarer :

« *En ce qui concerne l'Angleterre, je suis absolument de votre avis, cher ami. Malheureusement je ne suis pas autorisé à vous le dire.* »

*

Point tragique : Grey n'a toujours pas de réponse à sa question de Hamlet. À plusieurs reprises, il a mis l'ambassadeur d'Allemagne en garde : il ne faut pas que le premier coup soit tiré par l'Autriche. Et le jour même, le 27, où cette conversation a lieu à Berlin, presque à la même heure, le Russe insiste auprès de lui à Londres, pour qu'il se déclare enfin :

« *Berlin et Vienne croient à la neutralité de l'Angle-terre… Montrez-vous enfin, ils prendront peur et reviendront à la paix.*

« Grey : Mais *Churchill a donné à notre première flotte l'ordre de ne pas se disperser. Cela ne sera-t-il pas compris* à Berlin ? *Vous ne devez cependant pas interpréter cela comme si nous promettions plus qu'une action diplomatique !* »

Une heure plus tard, dans ce même fauteuil, en face de la table de travail de Grey, se trouve le cousin du Russe, le comte Mensdorff de Vienne. Grey lui dit :

« *La première flotte se trouve actuellement à Portland, elle devait se disloquer aujourd'hui, il n'en sera rien. Ne voyez là aucune menace ! Ce n'est pas au moment où l'Europe est sur le point de s'embraser peut-être, que nous pouvons licencier nos forces de combat. Ce n'est pas non plus le moment d'appeler des réserves. Vous pouvez en déduire combien nous sommes inquiets.* »

Situation pénible pour un ministre qui veut la paix de bonne foi et que ses réticences rendent suspect aux deux parties et à lui-même !

*

Saint-Pétersbourg : même dilemme qu'en Angle-terre. Depuis le petit déjeuner à trois, le duo franco-russe retentit aux oreilles de l'ambassadeur d'Angleterre. Dès le lendemain ils se retrouvent tous trois dans le cabinet de travail de Sazonov.

« Sazonov : *Vous ne gagnerez pas l'Allemagne à la cause de la paix, si vous ne proclamez pas ouverte-ment votre solidarité à notre égard et à celui de la France en cette crise dont la liberté de l'Europe est l'enjeu !* »

Buchanan, contrairement à ce qu'il pense, mais

obéissant aux instructions qu'il a reçues : « *Vous êtes dans l'erreur, en admettant que l'Angleterre peut être utile à la cause de la paix en faisant savoir au gouvernement allemand que, dans le cas où il soutiendrait l'Autriche par la force des armes, il trouverait l'Angleterre en présence de lui en même temps que la France et la Russie.* »

Paléologue se lève et d'un geste bien français désigne le portrait de Gortchakov suspendu au mur : « *Ici même, au mois de juillet 1870, mon cher sir George, le prince Gortchakov déclarait à votre père qui lui dénonçait le danger des ambitions germaniques : "L'accroissement de la puissance allemande n'a rien qui puisse inquiéter la Russie." Que l'Angleterre d'aujourd'hui ne commette pas la faute qui a coûté si cher à la Russie d'alors.* »

Buchanan a un geste de découragement : « *Vous savez bien que vous prêchez un convaincu.* »

Les deux alliés gardent le silence et réfléchissent aux moyens à employer pour que les conversations à Londres soient maintenant renforcées.

Deuxième groupe à Saint-Pétersbourg : l'ambassadeur d'Allemagne et l'ambassadeur d'Autriche se méfient l'un de l'autre et se voient traités de façons très différentes par Sazonov ; les airs de fonctionnaire allemand du comte Pourtalès déplaisent au Russe et l'obligent à être plus dur qu'il n'est souhaitable entre médiateurs ; la courtoisie hongroise du comte Szapary le porte à être plus aimable qu'il n'est d'usage entre adversaires. Au reste, le Russe offense volontiers chacun de ces pays en présence de l'ambassadeur de l'autre.

Sazonov ne désirait pas encore la guerre, à laquelle il estimait pouvoir recourir à son heure, mais l'intransigeance des Puissances centrales l'a entraîné à exprimer son irritation à l'égard des Allemands.

« *La haine que vous portez à l'Autriche vous rend aveugle*, dit l'Allemand.

« – *Mon caractère ne comprend pas la haine, comte Pourtalès. D'ailleurs ce n'est pas de la haine que j'éprouve pour l'Autriche, c'est du mépris. Nous savons jusqu'où vont les projets de l'Autriche. Il s'agit d'abord de dévorer la Serbie, puis ce sera le tour de la Bulgarie, et cela jusqu'à ce que nous l'ayons dans la mer Noire.*

« – *Vous savez bien, Excellence, qu'il ne s'agit que d'une expédition à titre de représailles, et que l'Autriche ne songe nullement à faire des conquêtes.* »

Deux jours plus tard :

« *Il faut que vous interveniez à Vienne. Tâchez de trouver un joint*, dit Sazonov.

« – *Et en même temps vous pensez à armer ?*, demande Pourtalès.

« – *Certains préparatifs sont nécessaires pour ne pas être surpris, mais il ne s'agit pas de mobilisation ! Nous avons décidé d'attendre que l'Autriche adopte une attitude hostile à notre égard.*

« – *Je dois à ce sujet vous mettre vivement en garde contre les conséquences : il est à craindre que de telles mesures ne provoquent facilement des mesures semblables de l'autre côté.* »

En prononçant ces mots, le comte Pourtalès a exprimé l'esprit de la guerre plus qu'il ne le croyait : il prédit la vie libre, la volonté automatique et la vengeance de cette puissante et complexe machine, qui pour finir échappe au contrôle de ceux qui l'ont construite. Il a compris en même temps ce que sera la machine russe, énorme et plus grossière, qui, effroyablement, quelques jours plus tard, se mettra en route au même instant que la machine allemande, parce que leurs propriétaires auront pressé le bouton qui les fait démarrer. Le comte Pourtalès, officier junker, a condamné le système qu'il sert.

Sazonov se ravise : «*L'Autriche ne pourrait-elle consentir à modérer quelque peu ses exigences dans la forme?*

«*– Je ne puis rien vous faire entrevoir; mais je vous conseille, au cas où vos conversations avec le comte Szapary vous donneraient des espérances, de vous adresser directement à Vienne.*»

Le lecteur respire avec soulagement : enfin «*directement!*». Pendant que la destinée de millions d'hommes fait, en effet, trembler l'Europe, ses Cabinets ne parlent pas ouvertement, on ne dit pas réponse, négociation, danger de guerre, guerre, mais note, conversation, complication, démonstration de force –, et personne ne songe, dans ces Cabinets sans air, que les rapports faits sur ces négociations étonnent profondément les peuples, les déçoivent, et plongent les cerveaux des négociateurs eux-mêmes dans une sorte de brouillard.

Sazonov est disposé maintenant à accueillir l'idée de l'Allemagne : c'était la sienne propre. Mais comme telle elle aurait affaibli sa position à l'égard de Vienne, et en tant qu'allemande elle était déjà à moitié viennoise; en même temps le Russe a gagné du terrain à l'égard de l'Angleterre : il montre qu'on peut se passer de Grey. Il télégraphie immédiatement à Vienne.

Sazonov parle maintenant aimablement au Hongrois, fait quelques mensonges sur sa sympathie pour l'Autriche, aborde la question de l'ultimatum, et, le Hongrois lui ayant déclaré officiellement qu'il n'est «*pas autorisé à dire quoi que ce soit au sujet de ce document*», donc qu'il ne doit pas tenir compte de ce qui pourra être dit, tous deux critiquent en connaisseurs les exigences de Vienne à l'égard de la Serbie : le Russe en tient sept pour acceptables, propose quelques modifications aux trois autres et conclut :

« *Bref ce n'est en somme... qu'une question de mots !* »

Sazonov, qui à ce moment ne connaît pas encore la soumission de la Serbie, ne veut donc que dérober aux Viennois tout le « *succès diplomatique* » (la revanche de Buchlau !) et exprime à la fin « *l'extrême satisfaction* » qui résulte pour lui de cette conversation avec l'adversaire.

– Trois points seulement ? pensent-ils tous deux, et ils télégraphient à Vienne. Sazonov a dans sa poche le décret de mobilisation : il se sent fort. Il lit maintenant la réponse de la Serbie et est mécontent de voir qu'elle va probablement tout terminer seule, mais il constate qu'il n'y a plus, en somme, que deux points litigieux et ne compte que plus sûrement sur le prompt accord de Vienne. Tous se disent ravis de voir les négociations s'engager dans la nouvelle voie « *directe* » ; Grey dit que cette façon de procéder est « *meilleure que la sienne* ».

Ils ne savent pas que Berchtold, alors que son propre ambassadeur discute ainsi à Saint-Pétersbourg, est en train de rédiger sa déclaration de guerre à la Serbie, parce que, à tout prix, il veut la guerre.

*

Aura-t-on à Vienne pour la sixième fois attendu vainement un prétexte contre la Serbie ? Non ! Aussi repousse-t-on simplement toutes les propositions, de quelque part qu'elles viennent. Nous en comptons déjà quatre : proposition de la Russie de prolonger l'ultimatum, première proposition de Grey en vue d'une conférence. Et maintenant c'est une proposition de la Russie en vue d'une « *conversation* » qui est catégoriquement repoussée, et, quand pour finir les Serbes font dire qu'ils accepteront peut-être encore les deux derniers points, Berchtold réplique que même ainsi il resterait encore plusieurs questions en suspens ; du reste l'Autriche, après avoir déclaré la guerre, formule des revendications tout autres.

Si Vienne est un système fortifié, pensent les étrangers, il faut d'abord bombarder le fort Berlin. Celui-ci sera-t-il également imprenable ? Telle est la position de Berlin à l'égard des propositions de médiation :

Première proposition : le chargé d'affaires russe essayant de faire prolonger les délais, on le retient, de façon que Jagow puisse dire à l'heure où ceux-ci expirent :

« *Je crains qu'il ne soit trop tard.*

« – *L'Autriche est donc décidée à faire la guerre à la Serbie ?*

« – *Il ne s'agit pas de guerre. Il s'agit d'une expédition de châtiment pour régler une affaire locale.* »

À l'Anglais qui lui propose de même sur l'ordre de Grey de prolonger les délais donnés à la Serbie, Jagow répond qu'il a « aussitôt » (à dix heures du matin) transmis cette proposition à Vienne à son ambassadeur, avec l'ordre d'en parler à Berchtold. En réalité, Jagow n'a télégraphié à Tchirchky qu'à quatre heures de l'après-midi, parce qu'il savait justement que le délai expirait à six heures, que Berchtold était à Ischl et que, par conséquent, il n'y avait plus rien à faire.

Seconde proposition : Grey offre d'organiser une conférence, Berlin déclare qu'il « *ne peut tomber dans les bras* » de l'allié.

Troisième proposition : la Russie demande qu'on insiste à Vienne pour obtenir une conversation directe. Jagow accepte froidement, mais se reprend à moitié en disant : « *Nous ne pouvons en aucun cas faire pression sur l'Autriche.* »

Quatrième proposition : Grey offre cette fois de prendre la réponse serbe comme base des négociations. Bethmann retourne le papier dans tous les sens. Comme c'est désagréable ! Que faire ? Il s'exprime de telle manière auprès de l'ambassadeur d'Autriche, que celui-ci télégraphie à Vienne avec soulagement : « *Le gouvernement allemand assure très succinctement qu'il ne prend nullement sur lui les propositions qui sont faites, qu'il n'est pas d'avis de les prendre en considération, et que c'est uniquement par égard pour l'Angleterre qu'il les transmet.* » Il ajoute, il est vrai, « *que l'Allemagne déclarera formellement à l'Angleterre, à chaque occasion, qu'elle ne soutiendra en aucune façon de semblables demandes d'intervention auprès de l'Autriche-Hongrie* ». On sait quels étaient les sentiments et les pensées de Bethmann le 27, le commentaire adressé télégraphiquement à Vienne à minuit le montre.

À ce moment, ces messieurs de la Wilhelmstrasse commençaient enfin à voir clair, et cela grâce à une dépêche alarmante de Lichnowsky : « *Si on en arrive à la guerre dans de telles conditions, nous aurons l'Angleterre contre nous.* » Bethmann commença alors à reconnaître enfin le danger de soutenir aveuglément Berchtold. Mais au lieu de battre énergiquement en retraite, il se contenta de télégraphier à son ambassadeur à Vienne qu'après avoir refusé l'ouverture d'une conférence, il était impossible « *de repousser également cette incitation* a limine *de l'Angleterre* », sans « *être considérés par le monde entier... comme les vrais instigateurs de la guerre... Cela rendrait aussi notre position impossible dans le pays, alors que nous devons paraître contraints de faire la guerre... C'est pour cela que nous ne pouvons refuser de jouer le rôle de médiateurs,... surtout que Londres et Paris agissent constamment sur Saint-Pétersbourg* ».

«Nous devons paraître» – charmante fleur de la diplomatie, tant qu'elle croît à l'ombre du chiffre ; mais cette fleur tombe en pourriture dès que l'Histoire a déboisé la forêt et la met en pleine lumière ! En transmettant la proposition anglaise sur un ton qui poussait indubitablement à la repousser, Bethmann s'imaginait constituer un document historique pour l'Allemagne. Quand ces papiers revirent le jour cinq ans plus tard, cela s'était changé en un document contre Bethmann.

Voulant agir à coup sûr, et pour qu'on ne change pas subitement d'idée à Vienne, il fait encore dire qu'ici on est «*même nettement opposé à toute intervention anglaise, et qu'il ne la transmet qu'à la prière de l'Angleterre*». Et, quand le lendemain le paisible empereur Guillaume lui-même le tourmente en disant que Berchtold doit se contenter d'un «*otage*», Bethmann ajoute aux instructions envoyées à Vienne ces mots historiques :

«*Il s'agit simplement de trouver un moyen de faciliter la réalisation des désirs de l'Autriche-Hongrie, c'est-à-dire d'étouffer la propagande panserbe, sans déchaîner en même temps une guerre universelle, et, si pour finir on ne peut éviter celle-ci, d'améliorer en ce qui nous concerne les conditions dans lesquelles nous devrons la faire.*»

C'est déjà une folie, mais au moins il y a de la méthode. Nulle part la médiocrité d'esprit n'est aussi visible que dans cette phrase de bureaucrate écrite par un chancelier qui ne veut nullement la guerre comme les généraux, mais qui la voit venir et qui cependant, malgré le très net revirement de son empereur, ne bouge pas le petit doigt pour l'empêcher et ne pense qu'à se montrer assez adroit pour ne pas paraître en être responsable aux yeux du monde, «*si pour finir on ne peut éviter une guerre universelle*».

*

À Tsarskoïe Selo, l'atmosphère est belliqueuse. Le silence de l'Autriche et les réponses évasives de Berlin ont donné libre cours à l'influence des généraux ; Sazonov, qui se sent abandonné, n'a plus à hésiter, et, les généraux ayant commencé leurs préparatifs depuis plusieurs jours, il en arrive lui-même à donner l'ordre de mobiliser dans les gouvernements du Sud-Est, Moscou, Kiev, Odessa, Kazan. La boîte de Pandore s'ouvre, ce n'est d'abord qu'une fissure, mais qui pourra la refermer ! Les généraux sont résolus. Hier ils ont déjà saisi l'appareil de télégraphie sans fil d'un vapeur allemand ; ils le lui ont rendu aujourd'hui en raison de ses remontrances.

C'est à ce moment qu'arrive une dépêche du Kaiser. On l'a demandée trois jours auparavant par voie privée, mais elle n'avait pas encore été envoyée ; mais ce n'est qu'hier, alors que le Kaiser a voulu se raviser et que Bethmann a voulu avoir une Russie coupable, qu'il a soumis à son souverain un projet sur cette base. L'empereur demande au tsar de se joindre à lui, tous deux ayant motif de punir l'assassinat d'un prince.

Le général von Chelius rencontre le prince Troubetzkoï, de service à la Cour, et celui-ci lui dit : « *Dieu merci, un télégramme de votre empereur ! Mais je crains qu'il ne soit trop tard !* »

Chelius : « *Aussi ne s'étonnera-t-on pas que votre mobilisation soit suivie de celle des forces allemandes !* »

Troubetzkoï se lève épouvanté et déclare qu'il est dans l'obligation d'aller à Peterhof. Là-dessus l'intelligent Chelius dit qu'il a l'impression « *qu'ici on a mobilisé par peur des événements à venir, sans intention agressive, et qu'on est effrayé de ce qu'on a provoqué* ». Cette conclusion, absolument juste au point de vue psychologique, fait comprendre l'attitude de la Russie pendant cette période, sans cependant la condamner, et son importance s'accroît de ce qu'elle provient d'un général allemand et de ce que l'empereur d'Allemagne la confirme d'un « *mais oui, c'est cela* ». Elle fait en même temps très bien comprendre l'état psychique des Cabinets d'Europe. Chelius trouve là, avant même que la guerre n'éclate, la formule de la peur que tous éprouvent les uns devant les autres, de la légèreté du petit nombre de gens qui déchaînent une guerre évitable, et par conséquent de la nécessité d'un tribunal auquel l'Europe puisse en appeler, si ses hommes d'État perdent encore une fois la tête.

Le 30, on pouvait encore sauver l'Europe. Toutes les puissances avaient reconnu à l'Autriche le droit de donner une leçon à la Serbie, d'occuper pendant quelque temps une partie de son territoire en garantie de l'exécution de ses exigences, sans toucher à la souveraineté de la Serbie. Berchtold, qui promettait cela aux Cabinets, mais qui voulait en réalité anéantir la Serbie, donnait ainsi à ses adversaires un moyen d'agir efficacement sur l'Autriche. Mais il faisait des sourires de tous les côtés à la fois, et trompait son allié en même temps que ses ennemis, si bien que pour finir Bethmann, le 29, s'exprima à Tchirchky en ces termes violents :

« *L'attitude du gouvernement* (de Vienne)... *me surprend de plus en plus. Il déclare à Saint-Pétersbourg qu'il se désintéresse du territoire, et nous laisse dans une incertitude absolue en ce qui concerne ses projets, il paye Rome de belles phrases qui ne veulent rien dire au sujet de la question de compensation, à Londres le comte Mensdorff fait cadeau d'une partie de la Serbie à la Bulgarie et à l'Albanie, se mettant en contradiction avec les déclarations solennelles de Saint-Pétersbourg. De cette opposition, je suis dans l'obligation de conclure que... ce gouvernement médite des projets qu'il juge bon de nous cacher afin de s'assurer dans tous les cas l'aide de l'Allemagne. »*

Ce système de tromperies employé par Vienne fournit d'excellents prétextes aux Russes prêts à faire la guerre.

Le tsar, l'homme le plus pacifique du monde, au milieu du cliquetis qui l'entoure, reviendrait en arrière aussi volontiers que le Kaiser ; en proie à des pressentiments, il télégraphie à celui-ci après minuit (le 29) : *« Je prévois que je ne tarderai guère à céder à la pression qu'on exerce sur moi. »*

Est-elle plus touchante que risible cette phrase avec laquelle le plus puissant monarque du monde, le dernier souverain absolu de l'Histoire, avoue son impuissance ? Et celui à qui elle est destinée rit de cette faiblesse ; ne remarque-t-il pas à quel point sa situation ressemble à celle de son cousin ? Le soir de ce même jour, le tsar indique la voie la plus raisonnable : *« Il serait tout indiqué de soumettre le problème austro-serbe à la conférence de La Haye... Ton Nicky qui t'aime. »*

Le roi d'Angleterre lancera bientôt lui aussi des télégrammes, et ainsi l'on verra ces trois cousins couronnés qui s'appellent entre eux Georgie, Willy et Nicky, au seuil de la catastrophe mondiale : trois descendants de familles autrefois puissantes, l'un d'eux à la fin s'enfuira, le second sera assassiné dans une cave.

Le 28, le Hongrois en sortant du cabinet de travail de Sazonov rencontre le Français dans l'antichambre. Celui-ci demande :

« Avez-vous reçu de Vienne de meilleures nouvelles ?

« – Rien de nouveau. La machine roule. »

Encore un qui accuse l'Europe sans s'en douter.

Le Hongrois sort. L'Allemand arrive. Le Français lui tient dans l'antichambre un discours emphatique auquel l'Allemand répond :

« *J'en atteste Dieu ! L'Allemagne est pacifique ! Voilà quarante-trois ans que nous sauvegardons la paix de l'Europe. L'histoire prouvera que nous avons le bon droit pour nous et que notre conscience n'a rien à se reprocher.*

« – *En sommes-nous déjà au point qu'il faille évoquer le jugement de l'Histoire ?*

« – *Nous ne pouvons abandonner notre allié, nous ne le ferons pas !* »

Et le Français s'écarte pour laisser l'Allemand entrer chez le ministre. Au-dehors l'Anglais dit au Français :

« *La situation a encore empiré… Je ne doute plus que la Russie ne marche à fond. Je viens de supplier Sazonov de ne consentir à aucune mesure militaire que l'Allemagne pourrait interpréter comme une provocation. Il faut laisser au gouvernement allemand toute la responsabilité et toute l'initiative de l'attaque. L'opinion anglaise n'admettra l'idée de participer à la guerre que si l'agression vient indubitablement de l'Allemagne… De grâce parlez dans le même sens à Sazonov !* »

Cet Anglais n'exprime-t-il pas aujourd'hui à midi les mêmes pensées, ne les exprime-t-il pas de la même façon à Saint-Pétersbourg que le chancelier allemand les télégraphiera ce soir à Vienne ? Le rôle de l'attaqué : l'idéal de tous les diplomates guerriers de l'Europe ! Les médecins s'énervent, depuis huit ans et depuis huit jours, maintenant ils abandonnent tous la paix, ils ne soignent plus que leur diagnostic, afin d'avoir raison quand on fera l'autopsie.

Alors en sa qualité d'ami le Français entre le dernier chez Sazonov ; il le trouve ému, apprend quelques détails et lui dit comme avertissement :

« *La moindre imprudence de votre part nous coûte-rait le concours de l'Angleterre !*

« Sazonov : *C'est aussi mon avis. Mais notre état-major s'impatiente, et j'ai déjà grand'peine à le retenir.* »

Le lendemain dans la journée Vienne refuse définitivement la « *conversation* ». Sazonov veut alors marcher à coup sûr. Il reçoit les ambassadeurs les uns après les autres.

Il parle tout d'abord au Hongrois, qui a vainement conseillé à Vienne de céder et qui a maintenant un rôle réellement pénible à jouer.

« Le Russe : *Nous allons mobiliser en partie aujourd'hui, mais ces troupes ne sont pas destinées à tomber sur vous. Elles resteront là l'arme au pied. C'est une mesure de précaution, l'Autriche ayant pris les devants et ayant mobilisé très rapidement.* »

Le Hongrois : « *Cela fera malgré tout chez nous la plus profonde impression.* »

Le Russe le tranquillise encore. Au cours de cet « *échange de confidences* », coup de téléphone : Belgrade est bombardée ! L'attitude de Sazonov change subitement et il dit sans ménagement à l'ambassadeur :

« *Le tsar a parfaitement raison, vous voulez uniquement gagner du temps avec vos négociations, et pendant ce temps-là, vous bombardez une ville ouverte ! Que voudrez-vous encore conquérir, quand vous aurez la capitale ! Et qu'avons-nous encore à nous dire, du moment que vous agissez ainsi !* »

Entendez-vous le ronflement des moteurs des armées ! À l'abri dans trois formidables garages, les chauffeurs sont assis sur leurs monstrueuses machines, ils mettent leurs démarreurs en route afin que les moteurs commencent à ronfler presque en même temps dans les trois capitales. Quel est celui qui, à quelques heures près, a commencé le premier, cela n'intéresse plus que quelques historiens qui veulent sauver leurs hommes d'État au point de vue national. Connaissent-ils Hamlet ? « En soi il n'y a rien de bon ni de mauvais, c'est la pensée qui est tout. »

*

À l'égard de l'ambassadeur d'Allemagne, Sazonov est plus calme aujourd'hui ; hier, en effet, il y a eu des heurts, des protestations, puis on s'est réconcilié, on s'est embrassé à la russe, « *l'incident est clos* ». Aujourd'hui : « *Si la mobilisation russe continue à se faire, nous serons contraints de mobiliser à notre tour, et il ne sera sans doute plus possible d'éviter une guerre européenne.* »

Sazonov : « *J'en ferai part à Sa Majesté.* »

Après l'Allemand c'est l'Anglais, à qui Sazonov, revenant sur la proposition de Grey, recommande d'agir vite.

Partout c'est une lutte entre deux influences : les généraux d'Europe donnent de l'éperon aux ministres, afin qu'ils marchent plus rapidement et qu'ils arrivent avant l'adversaire ; les ministres d'Europe tiennent les généraux par la bride pour qu'ils ne s'emballent pas, car ces deux catégories d'hommes puissants sont à la fois cheval et cavalier. Les soupirs de Sazonov qui prétend avoir le plus grand mal à retenir son état-major ont été télégraphiés au Kaiser par le tsar de toutes les Russies ; le Kaiser a caché de semblables soupirs à son fils, les premiers ministres des quatre pays en ont peut-être tous poussés au même moment. Quand un cheval est resté, en effet, à l'écurie tellement longtemps qu'il ne sait pour ainsi dire plus ce que c'est que courir, une fois bridé et sellé il donne des coups de sabot dans la porte afin qu'elle s'ouvre de force.

Mais qu'importe tout cela aux gens tranquilles qui au-dehors ne tiennent pas à être renversés ?

Donc aujourd'hui confirmation par le Conseil de guerre de Saint-Pétersbourg : on mobilise officiellement contre l'Autriche, on commence en secret la mobilisation générale, parce qu'une mobilisation partielle est « *techniquement impossible* ».

C'est à partir de ce moment que le conflit, dont les causes pouvaient jusqu'alors être étudiées et discutées, entre dans le domaine de la psychopathie : dès lors, seul l'esprit de parti peut distinguer le provoqué du provocateur. Les ministres furent épouvantés du mot « *techniquement* », comme les historiens le sont aujourd'hui. L'uniforme avait donné le jour à une conception ésotérique de la stratégie qu'on n'a pas à comprendre mais à admettre, et tout le monde de murmurer : *credo quia absurdum est.*

Et aussitôt, le tsar, qui s'efforce toujours comme le Kaiser de détruire l'effet de ses décisions énergiques, fait dire à l'ambassadeur d'Allemagne que le décret de mobilisation n'est en rien une manifestation d'hostilité à l'égard de l'Allemagne. Il n'y a là-dessous aucune intrigue des généraux, il n'y a qu'une contre-assurance du tsar en présence de sa propre peur. Car le général n'est pas content de ce message, il évite l'ambassadeur et prie l'attaché militaire allemand de venir le trouver.

Le commandant allemand qui vient d'ordinaire ponctuellement, en uniforme, et parle russe, arrive cette fois en civil, avec une heure de retard, et il dit en français :

« *Nous savons de façon certaine que votre mobilisation est commencée.*

« *– Je vous donne ma parole d'honneur que vous êtes dans l'erreur.*

« *– Je n'en doute pas, mais nous avons des preuves irréfutables.*

«– *Désirez-vous ma parole d'honneur écrite ?*

«– *Non, merci.*

«– *Alors je vous le répète : à l'heure actuelle on n'a encore levé ni un homme ni un cheval.*»

Le Russe se croit formellement en droit de faire ce mensonge d'homme d'honneur, car il n'a pas encore l'ukase du tsar en poche. (Un officier d'état-major, qui d'une pièce voisine entendit la conversation, a certifié la chose, en ajoutant cette charmante variante : l'ukase à ce moment «*se trouvait sur la table*».) Ce papier portait la signature de Nicolas et au-dessous celles des trois ministres de la Guerre, de la Marine et de l'Intérieur, il décrétait «*la mobilisation générale*». L'ambassadeur d'Angleterre à Berlin confirma alors «*que, pendant que l'empereur d'Allemagne, conformément à la parole du tsar, agissait sur Vienne, la Russie mobilisait*». Il serait plus juste de dire que, tandis que le tsar et le Kaiser voulaient tous deux éviter la mobilisation, Yanouchkévitch et Moltke y travaillaient tous deux. Un fait demeure cependant, c'est que la Russie a été la première à mobiliser son immense empire en entier.

Mais les militaires russes n'étaient pas encore vainqueurs. Guillaume II leur mit à nouveau des bâtons dans les roues. Dans la soirée, le tsar reçut, en effet, un nouveau télégramme du Kaiser, où celui-ci lui donnait sa parole d'honneur qu'il agirait pour le maintien de la paix si le tsar arrêtait sa mobilisation. Influencé par sa femme maladive, derrière laquelle se trouvait Raspoutine, adversaire de la guerre, il se sentit soulagé d'avoir là un atout contre ses généraux. À onze heures du soir il se fit mettre en communication avec son ministre de la Guerre. Soukhomlinov, absorbé dans son travail de mobilisation, entend au téléphone la voix de son souverain, qui lui lit le télégramme, mais qui – ici deux versions – ne pouvant se résoudre à donner un ordre direct, se contente de lui demander impérieusement :

« *Est-il vraiment impossible d'arrêter la mobilisation ?*

« *– Impossible. On ne peut freiner une mobilisation et la faire repartir comme une automobile… Que Votre Majesté veuille bien demander encore au chef de l'état-major ce qu'il en pense !* »

Un bel exemple de la façon dont le cerveau d'un ministre de la Guerre travaille : le désordre qui résulterait de la réduction de la mobilisation serait pour lui plus affreux qu'une guerre ; nous constaterons bientôt que son collègue d'Allemagne pense de même. Moment de fièvre. Quelques instants après quelqu'un lui téléphone encore : c'est Yanouchkévitch, le chef de l'état-major.

« *C'est épouvantable ! Le tsar vient de téléphoner, nous devons réduire la mobilisation générale à une mobilisation partielle ! J'ai répondu : techniquement impossible. Mais il y tient. L'empereur d'Allemagne lui aura donné sa parole d'honneur. Que dois-je faire ?*

« *– Ne faites rien !*

« *– Que Dieu soit loué !* »

C'est ainsi que dans la nuit du 29 au 30 juillet la mobilisation de tout l'Empire russe devint effective. Ces nuits sont pleines de spectres évoquant la peur, le mensonge, le destin, errant dans toutes les capitales d'Europe autour des ministères illuminés !

Le lendemain dans la matinée, l'ambassadeur d'Allemagne se présente chez Sazonov : à quelles conditions la Russie démobiliserait-elle ? Discussion. Enfin, le ministre rédige un document qui adoucit l'ultimatum. Ce document est envoyé à Berlin. Il demeure une simple formalité, car maintenant on ne s'occupe plus là-bas de degrés mais de nombres. Le ministre part chez son souverain.

Dans le cabinet du tsar à Peterhof. Grandes fenêtres au premier étage, ouvrant sur le golfe de Finlande, deux tables chargées de papiers, quelques tableaux de guerre, fauteuils de cuir, grande simplicité. C'est là que tous les jours, tel l'esprit du mal, vient Yanouchkévitch, le bras droit de Nicolas Nicolaïévitch, le grand-duc brutal, l'oncle du tsar ; Sazonov ne vient qu'une fois par semaine. Dans l'après-midi, nous sommes le 30, il est là debout et lit au tsar la nouvelle dépêche de l'empereur d'Allemagne : si la Russie mobilise contre l'Autriche, il ne pourra pas intervenir. Sazonov remet la dépêche sur la table de travail :

« *Nous ne pouvons plus éviter la guerre. L'Allemagne visiblement ne veut plus intervenir, elle cherche seulement à gagner du temps. Dans ces conditions je ne crois pas que Votre Majesté doive hésiter plus longtemps à signer le décret de mobilisation générale.* »

Pâle, le tsar dit d'une voix hésitante : « *Songez à la responsabilité que votre conseil me fait prendre ! Réfléchissez qu'il s'agit d'envoyer des milliers et des milliers d'hommes à la mort !*

« – *La conscience de Votre Majesté, pas plus que la mienne, n'aura rien à se reprocher si la guerre éclate. Votre Majesté et son gouvernement auront fait tout ce qu'il est humainement possible de faire pour éviter au monde cette effroyable épreuve. Maintenant il faut songer à la sécurité de l'empire. La guerre éclatera, en effet, à l'heure fixée par l'Allemagne.* »

Le ministre eut besoin « *d'une bonne heure* » pour le convaincre. À la fin, le tsar lui dit d'un ton ferme : « *Eh bien, Serge Dimitriévitch, téléphonez au chef de l'état-major que je signe le décret de mobilisation générale.* »

Sazonov s'incline, et va dans l'antichambre téléphoner cet ordre à Yanouchkévitch. Le tsar signe ensuite l'ukase pour le Sénat. Le chef de l'état-major, qui craint un nouveau contre-ordre de son impérial souverain, reste, d'accord avec Sazonov, inaccessible toute la journée. En même temps, tous deux s'arrangent pour que l'ordre des mobilisations soit interverti, et envoient de fausses versions à Paris et à Londres.

*

La veille du jour où la Russie se décide à prendre une attitude militaire, l'Angleterre envoie encore avertissements et menaces des deux côtés.

Benckendorff, «*avec sa perception naturelle des hommes et des choses*», rédige chaque jour des rapports sur Grey, qu'on prendrait pour des bulletins sur les états d'humeur d'une grande courtisane, il sent que le dénouement approche. Lichnowsky est dans l'obligation de défendre chaque jour l'obstination de Vienne, qu'il condamne, et de conseiller à Saint-Pétersbourg une médiation qu'il n'obtient plus lui-même à Berlin.

Cependant, le refus constamment opposé par Vienne a permis au Cabinet anglais un revirement qu'il ne désirait qu'en partie. Grey, qui pendant cinq jours a résisté à la tentation d'accélérer peut-être, en prenant parti d'une façon menaçante, une guerre qu'il veut précisément éviter à l'aide de cette menace, ne voit plus de salut maintenant que dans ce moyen à double effet. Au moment où à Saint-Pétersbourg le général russe regarde sa montre pour donner perfidement sa parole d'honneur au commandant allemand, le secrétaire d'État anglais dit à Londres à l'ambassadeur d'Allemagne :

« *La situation se corse de plus en plus. Vienne n'est accessible d'aucune manière. Nous avons négocié ensemble de la façon la plus amicale, comme tou-*

jours depuis que vous êtes ici. Mais je ne dois pas vous abuser. Tant que le conflit restera limité à l'Autriche et à la Russie, nous pourrons nous tenir à l'écart. Mais si l'Allemagne et la France y sont entraînées, alors l'Angleterre sera dans l'obligation de prendre sans retard des décisions qui lui seront dictées par les circonstances. »

– Je ne peux pas en dire davantage, pense Grey. Peut-être ces messieurs de Berlin le croient-ils maintenant. Afin d'agir à coup sûr, il a annoncé cette démarche à l'ambassadeur Cambon, une heure plus tôt, en ajoutant toutefois : « *Ne tirez aucune conclusion définitive de la façon dont nous conduisons notre barque ! L'Angleterre ne prend pas sans réserve aujourd'hui le parti de la France comme dans l'affaire du Maroc, car alors vous paraissiez directement menacés par l'Allemagne. L'Angleterre n'a pas d'engagement. Je vous le répète.* »

Le même soir les Cabinets de Paris et de Saint-Pétersbourg ont connaissance de cette attitude de l'Angleterre par Berlin et Vienne. Cet avertissement de Grey obtient un succès complet chez ses alliés, sa menace n'obtient qu'un demi-succès chez les adversaires. Paris, Saint-Pétersbourg et Berlin ne se sentent pas assez sûrs, ils s'arrêtent ; mais Vienne reste fermement décidée, dans sa légèreté révoltante, à exiger l'entière exécution du blanc-seing qui lui a été donné par l'Allemagne.

*

À Berlin aujourd'hui on est plutôt sombre : on s'aperçoit que cela devient sérieux, la Russie mobilise. On est embarrassé, on ne reconnaît pas sa propre négligence, on se met en colère, et cela contre Vienne.

C'est le Kaiser qui s'effraie le plus. Ne s'était-il

pas ravisé, n'avait-il pas par conséquent voulu éviter les conséquences de sa première attitude ? Voyant qu'il est question dans un rapport de la lourde responsabilité qui pèse sur l'Autriche, il écrit en marge : « *Ce sont les soucis qui m'ont envahi après une première lecture de la réponse serbe.* » Comme ensuite on y parle d'espoir, « *l'empereur conseillera amicalement à l'Autriche de ne pas trop tirer sur la corde* », il ajoute : « *Ce sont des phrases, on veut rejeter la responsabilité sur moi.* » Au conseil de s'en remettre à l'arbitrage de La Haye, il n'écrit que ce mot : « *Idiotie !* » Là, son opinion n'a pas changé depuis sept ans.

Le soir, il tient un conseil de la Couronne à Potsdam ; ministres et généraux sont autour de la table : on décide de mobiliser en cas de mobilisation générale de la Russie, mais on ne rend pas cette décision publique. On ignore le signe fait par le tsar vers La Haye, puisque sa mobilisation rend cet expédient à peu près impossible. Mais qu'advient-il de l'Angleterre ? Patience. Ce soir Bethmann fera un coup de maître.

Dans la nuit arrive de Londres l'avertissement non équivoque auquel on n'avait pas voulu croire jusqu'à présent, malgré l'ambassadeur. Terreur ! Panique ! C'était donc vrai ! Que faire ? Sonner la retraite ! Que l'empereur télégraphie bien vite à nouveau au tsar ! La dépêche part dans l'après-midi du 30 juillet, elle conseille instamment la paix.

Bethmann s'effondre. Il tente de sauver ce qu'il est encore possible de sauver ; il télégraphie à son ambassadeur à Vienne : « *Nous sommes tout disposés à faire notre devoir d'allié, mais nous devons refuser de nous laisser entraîner par Vienne dans une conflagration universelle aveuglément et sans qu'il soit tenu compte de nos conseils.* » C'est l'esprit de Bismarck qui se fait entendre : « *Du jour où l'on aura la convic-*

tion à Vienne que les ponts sont rompus entre l'Allemagne et la Russie, l'Allemagne sera en danger d'être en quelque sorte sous la dépendance de l'Autriche et pour finir de risquer son existence pour la politique de Vienne dans les Balkans. » Esprit prophétique ! Et ce fut bien le cas en juillet 1914.

Si le chancelier s'était ainsi insurgé contre Vienne quatre jours plus tôt, l'Europe était sauvée. Cette dépêche était aujourd'hui sans objet, en admettant même, comme on l'a prétendu, que Tchirchky ne l'ait volontairement pas transmise à Vienne.

Les militaires ont, en effet, pris maintenant les rênes des Affaires étrangères ; et pendant quatre ans ils ne les lâcheront pas. Les généraux télégraphient ; Moltke fait « *conseiller vivement* » à Vienne de mobiliser aussitôt l'armée tout entière : on dirait un premier ordre allemand. Le chef de l'armée allemande s'immisce à un tel point dans la politique des deux alliés que Berchtold, au moment où Conrad lui lit le 31 la dépêche allemande, longue de deux pages : « *C'est un succès ! Qui commande : Moltke ou Bethmann ? Je vous ai prié de venir parce que j'avais l'impression que l'Allemagne faiblissait. Mais je viens de recevoir une communication rassurante d'une source militaire autorisée.* » Et là-dessus à Vienne on « *résolut d'insister auprès de Sa Majesté pour obtenir l'ordre de mobilisation générale* ». Le vieil empereur le donna, mais on peut voir combien peu d'espoir il avait, aux paroles suivantes prononcées devant Conrad von Hötzendorf : « *Si la Monarchie est destinée à périr, il faut au moins qu'elle le fasse convenablement !* »

Le soir à Berlin le général von Moltke ordonna au Chancelier d'annuler la menace décisive adressée à Vienne : « *Prière ne pas exécuter l'ordre pour le moment* » ; seuls certains projets ne sont pas réalisés, « *parce que l'état-major fait savoir que les préparatifs* (de la Russie) *demandent une prompte décision* ». Comme dit Lerchenfeld, Moltke avait « *déjà exposé plusieurs mois auparavant qu'une circonstance aussi favorable au point de vue militaire ne se représenterait pas de longtemps* » ; un rapport de l'attaché militaire de Bavière à Berlin confirme que Moltke usait « *de toute son influence pour ne pas laisser échapper une circonstance aussi favorable ; il fait observer que la France est dans une situation militaire embarrassée, et que la Russie est loin de se sentir sûre d'elle ; en plus de cela, époque de l'année très favorable, la moisson étant en majeure partie terminée, et la période d'instruction achevée* ».

Ce rapport émanant d'un militaire allié montre ce qui se passe à l'intérieur d'un tel cerveau : ce sont exactement les mêmes mots, bien qu'ils n'aient pas été enregistrés, qui ont été prononcés au même moment par Yanouchkévitch à Saint-Pétersbourg et par Conrad à Vienne. L'ennemi n'est pas sûr de lui, la récolte est terminée, l'époque de l'année est favorable à la guerre. Il est étrange de voir comme tous ces messieurs qui savaient si bien réfléchir et prendre des décisions surent s'y prendre dans tous les pays sans exception pour se garantir d'une mort héroïque !

À midi, des « inconnus » firent annoncer comme un fait accompli par le *Lokalanzeiger*, journal officieux, la mobilisation pour laquelle ils n'avaient pu encore obtenir de signature. À une heure une édition spéciale à cent mille exemplaires se répandit dans Berlin. Tous les diplomates télégraphièrent la chose dans leur pays d'origine. Jagow téléphone aux ambassadeurs pour la démentir. Personne ne veut le croire ; d'ailleurs c'était superflu, Saint-Pétersbourg ayant déjà décrété la mobilisation avant la publication de cette fausse nouvelle à Berlin. Le tsar télégraphie de nouveau en demandant une médiation.

Le Kaiser note (le 30) : « *Il n'est pas question de*

cela ! Ce n'est qu'une manœuvre pour nous retarder et accroître encore l'avance qu'ils ont déjà sur nous. Mon rôle est terminé. W. »

Mon rôle est terminé. Entend-on la voix de ses généraux ? Personne n'est là pour essayer de faire de la politique, c'est-à-dire pour songer à ce que les autres pensent : faire la comparaison entre la pression exercée sur le craintif tsar par ses généraux et celle exercée sur le craintif Kaiser par les siens, et donner du courage au cousin avec une bonne parole ! Après avoir énervé l'Europe pendant vingt-cinq ans avec ses discours, après avoir énervé l'Europe pendant vingt-cinq jours avec sa fidélité à la Nibelungen, sans désirer lui-même la guerre, le Kaiser éclate enfin ce soir-là à la vue du seul ennemi vraiment détesté, et voici ce qu'il note au bas du dernier rapport de Saint-Pétersbourg :

« Ainsi, ce fameux encerclement de l'Allemagne est tout de même devenu un fait accompli, malgré toutes les tentatives de notre politique… C'est très bien joué et cela provoque l'admiration, même de la part de celui que cela conduit à la ruine. Édouard VII est après sa mort encore plus fort que moi qui suis vivant ! Et nous sommes tombés dans le panneau, dans le touchant espoir de tranquilliser ainsi l'Angleterre !!! Tous les avertissements, toutes les prières de ma part ont été absolument inutiles. Et voici maintenant ce qu'on appelle la reconnaissance anglaise ! Le dilemme de la fidélité à l'égard de l'allié, du vieil et digne empereur, nous met dans une situation qui donne à l'Angleterre le prétexte qu'elle désirait pour nous anéantir… Il faut que maintenant toutes ces machinations soient révélées sans ménagement !! Et nos consuls, nos agents, etc., en Turquie et aux Indes doivent amener tous les Mahométans à se révolter sauvagement contre ce peuple de mercantis, haï, hypocrite, sans conscience ; car, si nous devons y

laisser notre peau, il faut au moins que l'Angleterre y perde les Indes. W. »

Expressions vraies, idées biscornues, ressentiments, agitation, tout cela se précipite en cascade dans ces phrases, pêle-mêle, anticipant sur les meilleurs mots d'ordre de l'Allemagne pendant les années suivantes. Comme c'est petit – et cependant quelle passion de vengeance, quel feu de véritable haine nourrit le monarque d'un puissant empire à l'égard de l'autre, parce qu'il s'est senti méprisé par son oncle d'Angleterre ! Quand on le voit, exactement comme son allié de Vienne, s'engager d'une façon aussi pessimiste dans une entreprise qu'il aurait évitée avec un simple « non », on se demande ce qui pour finir le poussait à s'y risquer malgré ses pressentiments : sa haine pour l'Angleterre ou la peur de ses généraux ?

*

À l'ambassade d'Allemagne à Vienne arrive l'ordre donné impérieusement par Bethmann de faire accepter la proposition de l'Angleterre. L'ambassadeur s'invite lui-même à déjeuner chez le comte Berchtold, avant que les généraux de Berlin n'aient donné contre-ordre. C'est une question d'heures, il s'agit du destin de l'Europe, mais l'ambassadeur, avec les allures de dandy de son hôte, se voit dans la nécessité de ne transmettre son message *« qu'après que la table a été desservie »* ; ces messieurs ne perdent, en effet, jamais l'appétit. Le comte Forgach, qui était du déjeuner, prend des notes. Berchtold est debout *« pâle et muet »* : au dernier moment son indispensable guerre est compromise ! Quelle est la première chose à faire ? se demande-t-il. Changer de vêtements ! Car il veut aller chez l'empereur.

Pendant ce temps, l'Allemand s'adresse encore une fois à la conscience de l'autre comte. Celui-ci croit l'instant propice pour la mobilisation générale que Conrad veut obtenir le soir même de l'empereur.

Berchtold est «*tiraillé de tous côtés par des influences diverses*», Tisza est même cité. On ne peut malheureusement plus reculer tout à fait, et on se met d'accord, sous la pression de Berlin, le lendemain seulement il est vrai, sur une acceptation de pure forme de la médiation de Grey : on veut se «*rapprocher*» de la proposition anglaise, au cas où la campagne de Serbie devrait se poursuivre.

Ce semblant de rapprochement à la dernière minute fut d'ailleurs retardé par le comte Berchtold jusqu'au moment où il pensait ne plus être une gêne : l'ambassadeur d'Angleterre à Berlin s'enquit en vain pendant deux jours d'une réponse de Vienne. Elle n'arriva que vingt-quatre heures plus tard à Berlin, et de là elle ne fut jamais transmise à Londres. Les généraux commandaient. Au lieu de cela, la mobilisation générale fut proclamée à Vienne quelques heures après celle de Saint-Pétersbourg.

Malgré tout, les rapports entre civils et généraux étaient très différents à Vienne et à Berlin : à Berlin, où les généraux étaient plus actifs que les diplomates, c'étaient les généraux qui commandaient ; à Vienne, où c'était l'inverse, les intelligents diplomates essayèrent même au début de la guerre de donner des ordres aux généraux. Un télégramme exhumé d'un dossier et livré à la risée de la postérité montre comment ils s'y prirent. Le 28, le général d'artillerie Potiorek, envoyé à la conquête de la Serbie et qui, battu, sera déjà de retour à Vienne à la Noël, reçut un télégramme d'après lequel «*de petites escarmouches à l'égard de la Serbie étaient*

souhaitables, tandis que de grands engagements, qui
pourraient conduire à des insuccès, seraient mal vus ».

Voici donc dans la capitale un ministre, qui a
imaginé une guerre, mais se voit entravé par des
ministres plus puissants et menacé d'une conférence
destinée à éviter sa guerre, et qui, par suite, a tout
intérêt à commencer le feu sans retard pour que les
canons imposent silence aux hommes d'État. Aussi
fait-il télégraphier au front : « En avant ! » Mais
comme sa confiance en messieurs les généraux est
limitée, il ajoute : oui mais pas « d'engagements »
(mot de gentleman pour dire : bataille), au cours
desquels il pourrait se passer quelque chose. Quelques coups tirés en l'air enfin, pour pouvoir tromper
l'Europe et surtout l'allié en affirmant que la
démarche de l'Angleterre, « *la Serbie ayant com-*
mencé les hostilités,... arrivait trop tard ».

Cependant, Berchtold avait fait également une
démarche à Saint-Pétersbourg : il permettait maintenant à son ambassadeur de commencer la « *conver-*
sation » avec Sazonov, c'est-à-dire de parler de
l'ultimatum, mais de ne pas aborder la « *question de*
droit » ! Pourquoi faisait-il maintenant ce qu'il avait
refusé pendant cinq jours ? Parce qu'il était certain
maintenant que les Russes et les Allemands étaient
brouillés : le petit Metternich pouvait revenir un
peu en arrière pour l'Autriche. Les jours suivants en
sont la preuve.

*

À Berlin on proclamait en même temps (le
31 juillet) « *l'état de danger de guerre* », une trouvaille
des états-majors pour, en cas de guerre, mobiliser
avant la mobilisation. Les militaires applaudissaient
la ferme attitude de Vienne. On connaissait bien la
récente démarche de Berchtold à Saint-Pétersbourg,

et, comme c'était l'Autriche et non l'Allemagne qui avait affaire à la Russie, cette démarche devait arrêter aussi automatiquement l'Allemagne ; mais c'étaient les généraux qui commandaient.

Une heure durant l'ambassadeur d'Angleterre chercha à persuader M. de Jagow d'accepter maintenant encore la dernière proposition de Grey.

« Jagow : *Nous avons adressé à la Russie un ultimatum de douze heures.*

« Goschen : *Pourquoi donc exigez-vous de la Russie qu'elle démobilise aussi dans le Sud ?*

« Jagow : *Pour qu'elle ne puisse alléguer que toute sa mobilisation vise l'Autriche seule.* »

Voici, d'après le rapport du comte Lerchenfeld, un aperçu de l'état d'esprit au ministère des Affaires étrangères de Berlin :

« *La proposition anglo-allemande aurait pu être acceptée à Vienne… Moltke a déjà déclaré, il y a quelques mois, que le moment était très favorable à la guerre, et que de semblables conditions ne se représenteront pas d'ici longtemps. En voici les raisons : supériorité de l'artillerie allemande, tandis que la France et la Russie n'ont pas d'obusiers, supériorité du fusil de l'infanterie allemande et entraînement tout à fait insuffisant de la cavalerie française… Les sociaux-démocrates, suivant leur devoir, ont manifesté pour la paix, mais maintenant ils se tiennent tranquilles… L'empereur a changé d'idée plusieurs fois, mais maintenant il est très sérieux et très calme.* »

À Saint-Pétersbourg on était tout aussi décidé.

L'ambassadeur d'Allemagne se rend dans l'après-midi à Peterhof pour voir le tsar ; il dit : « *Je désire dépeindre franchement à Votre Majesté l'impression que doit faire en Allemagne la mobilisation générale russe. On ne l'interprétera pas seulement comme une menace et une provocation à l'égard de l'Allemagne,*

mais comme une offense faite à l'empereur d'Allemagne, alors qu'il cherche toujours à obtenir une
médiation. »

Le tsar écoute, « *sans laisser un seul instant deviner
ce qu'il pense* », puis il dit : « *Vous croyez vraiment ?*

« Pourtalès : *La seule chose qui pourrait maintenant faire éviter la guerre serait l'annulation du
décret de mobilisation.*

« Le tsar : *Vous avez vous-même été officier, vous
devez par conséquent savoir que de tels ordres ne
peuvent être suspendus pour des motifs techniques.* »
Et il lui montre une dépêche et le projet d'une lettre
destinées au Kaiser ; il ne se reconnaît pas encore
complètement battu, car il envoie un général à
Berlin. Ce général russe de la paix est aussi peu
arrivé à Berlin que l'acceptation tardive de Berchtold, partie de Vienne, n'est arrivée à Londres.

L'Allemagne faisant en même temps dépendre la
guerre ou la paix de l'arrêt de la mobilisation russe,
on se rend parfaitement compte qu'on en est arrivé
à la guerre parce que personne ne peut suspendre
une mobilisation « sans péril ».

Le lendemain vers minuit le comte Pourtalès
transmit l'ultimatum de l'Allemagne. Sazonov
demande :

« *Pourquoi donc la parole d'honneur donnée par
le tsar à votre empereur ne vous suffit-elle pas ?*

« – *Parce qu'elle n'est valable que tant qu'on peut
espérer voir s'arranger le différend austro-russe relatif
à la Serbie. Pouvez-vous m'assurer que la Russie est
disposée à maintenir la paix, même dans le cas où elle
ne pourrait s'entendre avec l'Autriche ?*

« – *Je ne peux répondre oui à cette question.*

« – *Il vous est alors facile de comprendre que nous
ne pouvons laisser la Russie prendre une plus grande
avance dans sa mobilisation.* »

Cette nécessité est confirmée par l'ambassadeur

de Serbie, qui télégraphie en même temps de Saint-Pétersbourg, «*que la Russie… fait maintenant traîner les négociations en longueur,… pour avoir le temps d'opérer la concentration de son armée. Quand celle-ci sera terminée, elle déclarera la guerre à l'Autriche*».

Seule la conclusion est inexacte. Quelques heures, en effet, avant cet entretien de la dernière minute, Sazonov avait une conversation des plus amicales avec l'ambassadeur d'Autriche-Hongrie :

« *Nous ne bougerons pas tant que des négociations avec Vienne tendant à un accord seront en cours. D'ailleurs vous avez mobilisé les premiers.* »

Le Hongrois proteste énergiquement. Sazonov termine cette querelle de collégiens en disant avec une notable ironie : «*Et puis qu'importe cette chronologie !*» Puis ils parlent de l'ultimatum comme cinq jours auparavant. À la fin Sazonov se dit notablement soulagé.

*

Avant même que l'ultimatum ait été transmis à Saint-Pétersbourg, le Kaiser (le 31) tint son premier discours de guerre au château de Berlin ; il parla des armes, de Dieu et des adversaires.

Entre-temps, on fut assez perplexe sur la question de la déclaration de guerre. On prépara en tout cas deux textes (un en prévision de la France), mais il en fut comme de la traduction de la Bible pour Faust. On voulut tout d'abord : *accepter la guerre octroyée** mais cela n'allait pas parce que en regardant dans le dictionnaire on vit qu'une telle guerre se traduisait aussi par «bewilligt», soit «consentie». Alors on parla de contrainte, ce qu'on se vit également dans

---

* En français dans le texte.

l'obligation de biffer, on éluda pour finir le motif de guerre et écrivit : *relève le défi* *. La déclaration fut télégraphiée à une heure de l'après-midi à l'ambassadeur, chargé de la transmettre à cinq heures. Soudain à deux heures arrive à Berlin une nouvelle dépêche du tsar. Mais personne ne songea sur le moment à arrêter télégraphiquement la déclaration de guerre chez l'ambassadeur, et cependant la dépêche du tsar était très raisonnable : «*Je comprends que tu sois dans l'obligation de mobiliser, mais je voudrais avoir de toi la même garantie que celle que je t'ai donnée, à savoir que ces mesures ne signifient pas la guerre et que nous continuons à négocier.*»

Puis Jagow et Zimmermann partent pour le château afin d'empêcher la mobilisation. Cette démarche décisive échoue, ils n'en restent pas moins tous deux en fonction, le premier deux ans encore, le second trois ans.

L'après-midi à cinq heures des automobiles partent du château et parcourent Unter den Linden, emportant des officiers qui agitent des mouchoirs et, se faisant un porte-voix de leurs mains, crient : «Mobilisation !!» La foule est en délire et court en tous sens.

Il n'y a qu'au château, dans cette atmosphère royale, que tout se passe dans un ordre prussien. On rapporte : «*Sur l'ordre de l'empereur, peu après cinq heures, un agent de police parut au portail du château et annonça aux gens qui attendaient que la mobilisation était décrétée. La foule, profondément émue, entonna le cantique : Nous remercions maintenant Dieu !*»

---

* En français dans le texte.

*

Le ministre des Affaires étrangères avait rédigé la déclaration de guerre en français, et en avait adressé deux variantes à l'ambassadeur à Saint-Pétersbourg, si bien que celui-ci n'avait plus qu'à jouer le rôle du petit télégraphiste ; on avait prévu deux cas : refus ou mutisme de l'adversaire.

Le comte Pourtalès ne fit pas transcrire au complet les deux versions, alors qu'il ne lui eût fallu que cinq minutes pour dicter après avoir déchiffré ; « manquant de temps » il met le papier portant l'un et l'autre texte dans sa poche et va chez Sazonov (le 1er août).

« *Lui ayant demandé par trois fois s'il voulait me donner une réponse à ma dernière démarche,... je lui lus la déclaration écrite* », et il laissa le papier à l'ennemi. Après son départ, le Russe prend connaissance de la double déclaration de guerre de l'Allemagne : « *La Russie ne s'étant pas conformée à cette demande (n'ayant pas cru devoir répondre à cette demande), et montrant par ce refus (par cette attitude) que ses actes visent l'Allemagne, j'ai l'honneur de communiquer ce qui suit à Votre Excellence, au nom de mon gouvernement : Sa Majesté le Kaiser, mon très haut souverain, relève le défi au nom du Reich.* »

Le comte Pourtalès était vraiment expéditif.

Dans la nuit, le tsar à Peterhof reçut une nouvelle dépêche de l'empereur d'Allemagne qui, au dernier moment, voudrait bien éviter la guerre ; expédiée de Berlin trois heures après la remise de la déclaration de guerre, elle le mettait en garde contre toute violation de frontière, suspendait, par conséquent, la déclaration de guerre. Signature : *Willy*...

Un dernier espoir saisit le tsar, il pense : – C'est en quelque sorte une façon d'annuler la déclaration

de guerre, ou tout au moins de la rendre condition-
nelle ! J'ai envoyé hier mon aide de camp à Berlin !
Si je retiens les troupes à la frontière, tout peut
encore s'arranger ! Il téléphone aussitôt à Sazonov,
lui communique la dépêche et lui ordonne d'appeler immédiatement l'ambassadeur d'Allemagne.

Il est quatre heures du matin, le jour commence à
se lever. Le comte Pourtalès passe la nuit à faire ses
malles. Au téléphone, il croit entendre un revenant.
Quoi ? Est-ce vraiment ce président du Conseil à
qui il vient de déclarer la guerre ? Qu'est-ce que
le tsar a pu recevoir ? Une nouvelle dépêche de
l'empereur ? Dieu ! Sazonov lui donne exactement
le texte et l'heure de la remise du télégramme par le
Kaiser à Berlin, puis il demande :

« *Comment dois-je faire concorder ce télégramme
avec votre déclaration de guerre ?* »

Une fois encore la raison se glisse parmi les diplomates, faibles ou criminels : une dernière fois ! Que
va-t-elle suggérer au comte allemand ? Ne va-t-il
pas s'écrier au téléphone : «Je viens !», ne va-t-il
pas demander son chapeau et une voiture, descendre
rapidement, pour avoir en main dans cinq minutes
la précieuse dépêche de son souverain ou tout au
moins une copie ?

Rien. C'est un diplomate, c'est-à-dire qu'il a appris
comment il est convenable d'agir quand on a déclaré
la guerre. Et Sazonov n'entend au téléphone que ces
paroles (rapportées par Pourtalès dans ses propres
mémoires) :

« *Je regrette de ne pouvoir vous renseigner à ce
sujet. Peut-être le télégramme est-il antérieur à celui
qui m'ordonnait de vous remettre la déclaration en
question… Je suis, d'ailleurs, dans l'obligation de
vous prier de vous adresser dorénavant au chargé
d'affaires américain, qui a accepté de prendre nos*

intérêts. Nous partons dans quatre heures. » Et il rac-croche l'appareil.

« Peut-être », « la déclaration en question », « je suis d'ailleurs dans l'obligation de vous prier » ; froideur, légèreté, désir d'éviter des complications : attitude typique d'un diplomate européen. Mais une fois la guerre perdue, M. le comte ne sera pas tourné en ridicule par la nation au sujet de sa « *double* » déclaration de guerre, pas plus qu'on ne le rendra responsable de n'avoir pas voulu tenir compte de la dépêche de l'empereur.

CHAPITRE XI

Les neutres

Les Balkans sont une chaîne de montagnes massives, qui campent là, menaçantes comme leur nom, et, de même que le schiste brillant qui les compose est parsemé de pierres volcaniques d'un aspect sombre, de même les vingt-cinq millions d'hommes qui habitent cette presqu'île paraissent illuminés du reflet de la civilisation occidentale, et cependant la passion de leurs races les ébranle partout. L'Occident a cherché à les tromper avec sa science et avec ses arts, mais eux, par contre, ont fait ruisseler la lave de leurs volcans jusqu'à ses plaines, et, avec leurs esprits asiatiques, ont troublé les peuples d'Europe.

Mais que nous importent les *komitadjis* serbes, en lutte contre des tsars bulgares, pour des villes dont notre langue peut à peine prononcer le nom ? Que nous importe la querelle entre deux maisons princières serbes et leurs combats avec des Grecs et des Albanais pour une Macédoine qui demeure à peu près inconnue depuis Alexandre le Grand ? Que nous importent les *hospodars* de Valachie et les intrigues de leurs successeurs avec les Russes et les Turcs au sujet de la Bessarabie ? Quelle valeur ont pour nous les voies souterraines des derniers sultans qui, à l'aide du poison et du poignard, érigèrent sur les

pyramides de cadavres de peuples entiers une souveraineté dont leurs meurtriers bourgeois reprirent
les méthodes ? « *Cela ne vaut pas les os d'un seul gre-
nadier de Poméranie !* »

Au début ils furent trop adroits pour se prononcer. Les premiers mois ou les premières années,
les cinq pays balkaniques restèrent neutres.

*

La Roumanie était secrètement réunie à la Triple
Alliance ; mais on vit très rapidement que cette
quadruple alliance ne restait en pratique qu'une
double alliance. Quand le comte Czernin, nouvel
ambassadeur d'Autriche, demanda, un an avant la
guerre, la présentation du traité secret à la Chambre,
le vieux roi de Roumanie eut une peur effroyable.
Faible comme les autres rois d'Europe, mais foncniè-
rement honnête, Hohenzollern ayant été aide de
camp du Kronprinz Frédéric pendant la guerre du
Danemark, marié à une princesse poète, compre-
nant mieux les paysans paisibles, donc sans force, de
son pays que les avocats qui le gouvernaient : le roi
Carol laissait les partis venir à tour de rôle à la man-
geoire, et il n'avait, par conséquent, rien de plus terrible à redouter qu'une alliance franche d'un côté
ou d'un autre.

Et cependant on pouvait gagner les libéraux eux-
mêmes, de l'école de Paris, au pouvoir depuis la fin
de l'année 1913, en leur donnant la Transylvanie,
dans laquelle depuis des siècles des millions de Roumains obéissaient aux Magyars. Ils offrirent alors,
tout à fait dans l'esprit de François-Ferdinand, de
s'allier d'une façon plus ou moins étroite à la
Monarchie, mais Tisza refusa ; d'ailleurs le vieil
empereur était opposé à cette idée en tant que son
neveu lui était favorable. L'assassinat de celui-ci fit

une impression d'autant plus profonde à Bucarest : on voyait disparaître un ami de la Roumanie.

L'ultimatum de Vienne à la Serbie transforma « *en quelques heures* » cet état d'esprit. On venait précisément de remporter une victoire commune avec la Serbie, on déclara que l'Autriche était folle, que c'était là une mauvaise querelle et que la confusion qui en résulterait permettrait à des neutres de réaliser les anciennes prétentions à l'égard de la Transylvanie plus facilement qu'à des alliés. Le roi balkanique, avec son cœur d'Allemand, interrompit l'ambassadeur d'Autriche au milieu de la lecture de l'ultimatum en s'écriant : « *C'est la guerre mondiale !* », et il lui fallut un bon moment pour mettre de l'ordre dans ses idées politiques. Il confia à son journal : « *Il n'est pas prouvé que le crime de Belgrade ait été prémédité.* » Il sentait que son alliance secrète disparaissait dans les nuages, et quand quelques jours plus tard l'Autrichien lui dit que son honneur est en jeu et qu'il faut qu'il marche avec eux, parce qu'une convention est une convention, le vieux roi se laisse tomber en pleurant sur sa table de travail et il arrache de son cou l'ordre « Pour le Mérite » qu'il porte.

Entre-temps, l'empereur d'Allemagne, « *en sa qualité de Hohenzollern* », télégraphie à Bucarest d'une façon presque menaçante. Conseil de la couronne. Le roi propose une alliance avec l'Autriche ; un seul homme, Pierre Carp, vote pour. Tous les autres s'y opposent parce que Vienne marche sur Belgrade sans avertissement. La vraie raison de ce refus, c'est la Hongrie, car, enfin, pourquoi aideraient-ils cet ennemi héréditaire à sortir d'embarras ? Le roi assure du moins que l'Autriche n'a pas besoin de protéger sa frontière roumaine : « *Tant que je serai roi la Roumanie ne partira jamais en campagne contre l'Autriche !* »

Mais Bratianu, le président du Conseil, d'esprit et de culture français, se dit que les vieux souverains peuvent mourir et, pour parer à toute éventualité, il commande de nouveaux canons, chez Krupp naturellement.

*

Par suite de sa haine pour la Serbie et de son hostilité pour la Russie depuis la dernière visite à la cour du tsar et depuis la dernière guerre, la Bulgarie se sentait attirée vers l'Allemagne ; elle passerait du côté de la Triple Alliance si celle-ci lui garantissait les provinces perdues. Cependant, on hésitera un an avant de se lier. Quant au Monténégro, qui est serbe mais hait la Serbie, il renonce bien vite à son jeu : le roi des montagnes Noires a depuis longtemps acheté des fonds russes à Paris et à Vienne, aussi « passionnément » court-il au secours des frères opprimés qui sont les alliés de la Russie. Croit-il maintenir le cours de ses valeurs russes à l'aide des victoires de son armée, ou bien a-t-il confiance dans ces valeurs russes et leur sacrifie-t-il cette armée ? Argent, guerre et territoire, il perdra tout.

La reine de Grèce était au cours de ce mois de juillet en visite chez son impérial frère à Berlin. Il lui demanda d'entrer dans la Triple Alliance, en lui parlant d'une alliance turco-bulgare avec l'Allemagne qui n'existait pas encore. Constantin refuse d'aider la Bulgarie, son ennemie de la veille : « *Dans ce cas je ne serais pas du côté de l'Autriche contre les Slaves, comme il est dit dans le télégramme de Votre Majesté.* » En somme le premier mouvement du roi est bien grec.

Le Kaiser est hors de lui, mais puisque son attitude hautaine ne sert à rien, il parle morale : « *Il va de soi que le souvenir de ton père tombé sous le coup d'une main criminelle t'empêchera de prendre parti pour les Serbes assassins.* » Sinon, il sera menacé d'une attaque immédiate de la part de la Triple Alliance, en même temps que d'une rupture des relations personnelles, alors que la sœur est encore dans la maison. Le roi n'est pas ému, il télégraphie qu'il reste neutre.

À Constantinople – comme à Londres et à Washington – les Allemands étaient bien représentés : seuls Wangenheim et Lichnowsky ont mis leurs chefs aveugles en garde, en juillet 1914, et Bernstorff en 1916 n'a pas eu peur de Ludendorff, le dictateur dilettante. Le baron de Wangenheim se déclara contre le rattachement à la Turquie ; c'était un homme de belle prestance, plein de qualités, des mains fines, aimable, intelligent, aimant les arts et connaissant les femmes : la contrepartie parfaite du diplomate allemand type. Pressé par Berlin d'amener la Turquie à une alliance, cet homme d'État répond par des arguments frappants : le ministre de la Guerre lui a offert une alliance, mais il a éludé la question. Et le Kaiser note : « *Absurde. Il n'a qu'à engager des pourparlers et cela ira tout seul. Elle s'offre d'elle-même !!!* »

Avec cette note écrite dans un moment de trouble, sans prendre d'autre avis, le Kaiser résout la question turque lui-même, exactement comme au temps de Louis XIV. Wangenheim prend cela pour un « *ordre péremptoire* » et, malgré ce qu'il pense, il conclut une alliance qui sera – *summa summarum* – fatale aux deux parties.

Comme s'ils avaient pu lire dans l'avenir, cette alliance ne fut conclue que pour quatre ans, aussi prit-elle fin exactement en même temps que la puissance des deux contractants.

*

Depuis des années l'Italie n'appartenait plus à la Triple Alliance que sur des papiers, inconnus de la plupart des gens et qui jaunissaient dans trois coffres-forts hermétiquement clos. Elle s'était mise d'accord avec la Russie et avec la France ; la haine de la nation ne s'adressait qu'à l'alliée, à l'Autriche. Celle-ci devait donc agir avec précaution si elle voulait l'avoir auprès d'elle dans son aventure. Vienne avait vraiment demandé à Rome un an auparavant si elle pouvait combattre contre la Serbie, mais elle avait alors reçu de Rome le même veto que de Berlin. San Giuliano, vieillard prudent qui était à la tête de l'Italie, avait, comme Giolitti, mis tout le monde en garde contre cette « *pericolosissima aventura* ».

– Faisons-le donc cette fois de notre propre autorité, pensèrent les comtes de Vienne. Cependant, toutes ces ruses de Metternich, consistant en douzaines d'instructions envoyées aux ambassadeurs, échouèrent devant la finesse de Rome, et, avant même que l'ultimatum ne fût rédigé, le ministre d'Italie le combattit et déclara à l'ambassadeur d'Allemagne que de l'avis même des légistes aucun gouvernement, et par suite la Serbie non plus, ne pouvait être tenu pour responsable d'une agitation politique, et que par suite l'Italie ne pouvait devenir la complice de l'Autriche si celle-ci songeait à agir contre la Serbie. Le secrétaire d'État allemand reconnut également que l'alliance italienne ne jouait pas dans le conflit serbe.

L'ambassadeur d'Allemagne à Rome, d'un excellent jugement, mais laissé dans l'ombre par Berlin, M. de Flotow, montra dès le début ce qui pouvait attirer l'allié, tandis que celui d'Autriche, M. de Merey, maladif comme Flotow, mais entêté et aveuglé, évitait tout ce qui précisément pouvait attirer l'allié. Ces échanges de vue se firent en majeure partie en dehors de Rome, dans les stations balnéaires où ministres et diplomates étaient allés soigner leur goutte, mais de telle manière que les ministres pouvaient toujours s'enfuir à Rome en automobile, quand ils avaient des démarches à redouter, quitte à en repartir au moment où les diplomates y arrivaient à leur tour.

Aussi les tentatives faites par Vienne pour rester tout au moins en relations courtoises au dernier moment échouèrent-elles : comme dans un film, l'Autrichien partit pour Rome à la suite du ministre des Affaires étrangères pour lui communiquer un jour à l'avance le texte de l'ultimatum adressé à la Serbie. Le ministre ne put le recevoir et partit en voyage ; là-dessus l'Autrichien tomba malade et son candide conseiller d'ambassade ne rejoignit le ministre à la mer que le lendemain, alors que celui-ci savait tout depuis longtemps.

Il n'y avait réellement plus rien à faire : le président du Conseil et le ministre des Affaires étrangères, Salandra et San Giuliano, celui-ci vieux germanophone, celui-là un intrigant, déclarèrent tous deux que l'Italie restait neutre parce que la Triple Alliance était une alliance défensive, et que Vienne prenait manifestement l'offensive contre Belgrade ; d'ailleurs, d'après l'article VII du traité, l'Italie était en droit de demander des compensations pour les conquêtes que l'Autriche pourrait faire dans les Balkans.

Sur aucun point le gouvernement allemand ne se montra alors si raisonnable et si pressant : il insista chaque jour auprès de Vienne pour qu'elle offrît vivement quelque chose à l'Italie, afin de décider celle-ci. Vienne ne se montra jamais aussi mesquine et aussi bornée. L'Allemand insista tellement que pour finir il prit sur lui de parler à Rome de Valona, ce que l'on accueillit avec mépris. L'Autriche, par contre, se refusa de plus en plus énergiquement à faire à Rome des offres susceptibles d'accroître les exigences et s'aventura jusqu'à dire : « *Ce serait comme si l'on criait à un ami tombé dans le Danube :* "*Je ne t'aiderai pas à en sortir; mais si tu parviens à t'en tirer de toi-même, il faudra me donner un dédommagement*" *!* »

Quand M. de Merey se jeta dans les flots de cette comparaison, personne ne l'en sortit. Il ne remarquait pas que l'Autriche s'était volontairement jetée dans le Danube et que, tout en nageant vers Belgrade, elle criait derrière elle : « Je me sens parfaitement bien ! » Dans un sport semblable il n'y a que les Nibelungen qui restent patients. Mais M. de Merey est si joyeux qu'il demande la permission de dire à Rome : « *Si l'Italie ne remplit pas ses devoirs d'alliée jusqu'au dernier homme, nous répudierons de notre côté toutes nos obligations et nous considérerons l'Italie comme ayant abandonné la Triple Alliance.* »

Le comte Berchtold ne permit pas à son ambassadeur cette plaisante démarche, et c'est vraiment un service qu'il lui rendit. Il se voyait en présence des juristes romains qui, à la suite d'une semblable menace de l'allié détesté, se seraient drapés dans leur robe et se seraient écriés comme Wotan : « Vat'en, je ne puis te retenir ! » Il parla, au contraire, de compensations, au cas où l'Autriche, avec l'aide de l'Italie, gagnerait quelque chose dans les Balkans.

Mais cette démarche n'était pas assez importante et elle était faite beaucoup trop tard, car pendant ce temps-là l'Angleterre se décidait et, avec sa petite flotte et sa défense des côtes encore plus petite, la péninsule était dans l'impossibilité de tenter de faire sur mer la guerre à cette puissance maritime. San

Giuliano demanda donc des gages pour sa neutralité. Quand, enfin, il laissa tomber le mot de Trente, M. de Merey interrompit l'entretien en disant :

« *Si au cours des années j'ai fait parfois preuve de violence et de manque de diplomatie dans nos débats, je rachète cette faute aujourd'hui en ne répondant pas une sottise à vos propositions inadmissibles.* »

C'est sur cette conclusion digne du troisième acte d'un drame de Dumas que l'homme d'État autrichien congédia l'Italie, qu'il devait gagner, se retira comme un chevalier et permit à celle-ci de se jeter dans les bras du rival.

En lisant la dépêche évasive de Victor-Emmanuel, l'empereur Guillaume ne se contenta pas de mettre en note : « *Insolence ! Coquin !* », ce fut pour lui une véritable révélation, et il avoua noblement : « *Les alliés nous abandonnent déjà avant la guerre comme des pommes pourries qui tombent de l'arbre ! C'est le complet effondrement de la politique extérieure allemande, comme de l'autrichienne d'ailleurs. On aurait dû éviter cela, on le pouvait.* » Jamais le jugement de Guillaume II n'a été plus juste, jamais ses paroles n'ont été plus vraies.

*

Quand défila dans les rues de Bruxelles cette foule énorme, que le discours historique de Jaurès avait enflammée, et qui criait : « À bas la guerre ! », l'ambassadeur d'Allemagne en fit part à Berlin en disant : « *Un discours que sa teneur dispense de reproduire.* »

Ce M. de Below a reçu hier par le courrier un pli mystérieux qu'il aura ordre de n'ouvrir que lorsqu'on l'en avisera télégraphiquement. Vraiment, les Allemands – juges sensibles qui ne lisent la condamnation à mort que quelques instants avant l'exécution – n'avaient pas laissé longtemps le délinquant dans une cruelle incertitude. Il se doutait d'ailleurs de la chose. Il y avait des années que le plan du comte Schlieffen, qui faisait dépendre la victoire sur la France de la traversée de la Belgique, était tenu comme possible par les dirigeants belges, bien que les Allemands l'eussent toujours nié.

Trois ans auparavant Bethmann l'avait nié au Reichstag, et Jagow quinze mois auparavant, au Comité des affaires étrangères, mais lors de la visite faite par le couple royal belge à son avènement, le Kaiser avait fait à table une remarque tellement « *spirituelle* » à ce sujet, que le secrétaire d'État s'efforça jusqu'à la gare, vainement d'ailleurs, d'effacer l'impression faite sur le souverain épouvanté. Cet incident, en même temps que la construction de voies stratégiques en Allemagne, comme aussi le flair des espions français, avaient tellement accru la crainte d'une invasion allemande, que l'état-major général de Bruxelles négocia avec l'attaché militaire anglais pour qu'un corps de débarquement anglais, en cas d'attaque brusquée des Allemands, pût connaître les chemins, les approvisionnements et les munitions. Il ne fut pas signé de traité, les ministres n'eurent pas à négocier, les documents contiennent la phrase répétée : seulement au cas où les Allemands envahiraient le territoire. Le fait qu'on n'ait pas prévu le cas où la France envahirait ce territoire ne prouve rien en faveur de celle-ci, il montre simplement quelle était la confiance de la Belgique en sa voisine.

Pendant deux générations c'était l'inverse qui s'était produit. Pour éviter que Louis-Philippe ne conquît la Belgique, la Prusse avait proposé aux quatre autres grandes puissances d'assurer éternellement sa neutralité sur le modèle de la Suisse, et c'est sur la base de cette neutralité que le royaume avait été fondé. Parmi les cinq marraines, la Prusse était donc celle qui s'était approchée le plus près du berceau belge. Ce traité était l'échantillon d'une entente moderne : *primo*, on s'engageait spontanément à respecter l'inviolabilité d'une vierge qu'on se disputait, on s'y engageait sous serment ; *secundo*, un prototype des États-Unis d'Europe qui ne sont rien de plus qu'une extension du principe des États neutres ; *tertio*, un exemple de la fusion de deux races presque de même force destinées à gérer leurs intérêts en commun au milieu d'une Europe nationaliste. Enfin, ce pays eut la Constitution la plus démocratique de cette époque.

Cependant, le traité le plus solennel n'est qu'un chiffon de papier que le changement des intérêts en jeu fait déchirer ! C'était l'avis de Napoléon III, qui voulait avoir la Belgique, et offrit à Bismarck de reconnaître la Confédération de l'Allemagne du Nord s'il l'aidait à faire la conquête de la Belgique. Bismarck refusa, mais il conserva des papiers compromettants pour la France, papiers qu'il envoya en Angleterre au début de sa campagne, parce qu'il avait besoin de la neutralité de celle-ci. À Sedan, une partie de l'armée cernée aurait pu trouver le salut en Belgique, mais la frontière était fermée, et Napoléon perdit son trône à cause de la barrière opposée par un pays avec les drapeaux duquel il avait espéré décorer ce même trône.

Cependant, au début de cette guerre de 1870, l'ambassadeur de Belgique lui ayant demandé de reconnaître à nouveau la neutralité, Bismarck ne parla pas de la protection des petits peuples, pas plus que de traités jurés, il répondit simplement : «*Je suis surpris qu'un homme de votre valeur me croie assez naïf pour jeter la Belgique dans les bras de la France !*»

C'était, évidemment, aujourd'hui l'objet de ce pli

scellé envoyé à l'ambassadeur d'Allemagne. (Au tragique s'ajoute toujours quelque chose de comique : le chef de la section belge à la Wilhelmstrasse était en congé, il avait enfermé les documents dans un coffre et les diplomates étaient tout déconcertés devant ce meuble mystérieux.)

Londres ayant fait poser la question à la fois à Berlin et à Paris au sujet de la Belgique, Paris promit de s'en tenir au traité ; Jagow, lui, resta évasif : sa réponse eût livré les plans stratégiques de l'Allemagne. Le ministre des Affaires étrangères de Bruxelles, M. Davignon, homme âgé plein de distinction, hocha la tête ; il vit se confirmer l'ancien soupçon. Il envoie quelqu'un à l'ambassadeur d'Allemagne. Il rappelle à celui-ci la question posée par l'Angleterre, la réponse de la France, ajoutant que le Français est disposé à publier aujourd'hui officiellement sa réponse dans les journaux de Bruxelles. Là-dessus, M. de Below se redresse dans son fauteuil, ferme à demi les yeux – selon le rapport –, regarde au plafond et répète avec la précision d'un phonographe tout ce qu'il vient d'entendre. Il adresse ensuite ses remerciements au ministre, offre une cigarette pour clore l'entretien officiel et dit alors sur un tout autre ton : «*Je suis d'ailleurs fermement convaincu que la Belgique n'a rien à redouter de l'Allemagne. Nous ferons certainement la même déclaration.*»

Angoisse au château, au ministère, dans la capitale ; le pays tout entier est inquiet comme à l'approche d'un orage. On se demande avec effroi : «Comment est-il possible que nous ayons pu laisser en dépôt chez Krupp les pièces de fortification commandées chez lui et prêtes depuis longtemps, uniquement parce que nos terrassements ne sont pas terminés ? C'est là une conduite à la Don Quichotte !»

Le roi Albert, calme, prudent, intelligent, un Hohenzollern par sa mère, s'intéresse aux constructions navales, à l'alpinisme, aux voyages, au Congo, avec un penchant pour l'art moderne, aime Saint-Saëns, César Franck ; la reine est belle comme beaucoup de princesses bavaroises, c'est la fille du très respectable duc Charles Théodore, qui se fit médecin par vocation et, par compassion, rendit la vue à des milliers de pauvres gens ; dans ce ménage où trois lignées d'ancêtres sur quatre sont allemandes, règnent la noblesse, la réserve et un certain mélange de civilisation gauloise et germanique, qui existe également en Belgique par suite de sa situation géographique et de son histoire. Le roi écrit maintenant, en allemand, une lettre très loyale au Kaiser, disant « *tu* » à celui-ci, pour lui rappeler ses nombreuses assurances.

L'ambassadeur d'Allemagne s'exprime le lendemain matin sur le même ton que la veille, vis-à-vis du ministre et vis-à-vis de la presse. À trois heures ses paroles sont reproduites dans *Le Soir* : « *Le toit de votre voisin brûlera peut-être, mais votre propre maison sera en sécurité.* »

Quand les diplomates se mettent à faire de la poésie, il arrive la plupart du temps un malheur. Tout Bruxelles s'en tient à cette phrase, trois heures après tous les enfants la connaissent dans ce petit pays. Et en même temps on apprend la nouvelle : l'Allemagne envahit le Luxembourg. Bruxelles respire : autant de moins sur notre front !

Mais dans la soirée Below apparaît au ministère. Il a reçu, trois heures avant, l'ordre d'ouvrir le pli. Il l'a lu sans surprise. Il a ordre de remettre son ultimatum comme s'il venait de le recevoir à l'instant, il part et remet sa note.

Le Belge lit : apprenant de source certaine que le déploiement de l'armée française le long de la

Meuse doit être suivi «*sans aucun doute*» de la traversée de la Belgique, et craignant que la Belgique ne puisse s'y opposer à elle seule, l'Allemagne se trouve menacée et, par suite, dans l'obligation pour sa propre sécurité de prévenir l'attaque, c'est-à-dire «*de son côté de franchir également le territoire belge*».

Si la Belgique consent à rester dans une neutralité bienveillante, son territoire sera augmenté aux dépens de la France. Si son attitude est amicale, l'Allemagne l'indemnisera de tous les dommages que lui causeront ses troupes, si son attitude est hostile ce sera la guerre. Et vingt-quatre heures pour prendre une décision.

Le Belge, que seuls le ton et le motif surprennent pour l'instant, garde le silence ; puis il dit avec une colère croissante : «*Nous nous serions attendus à tout autre chose, Excellence ! L'Allemagne, qui prétendait être notre fidèle amie, nous demande aujourd'hui de jouer un rôle ignominieux !*»

Le Conseil des ministres refuse à l'unanimité. Le soir et la nuit, une longue séance au château jusqu'à quatre heures du matin : on est unanimement décidé à la résistance. Cette même nuit, à une heure et demie, l'ambassadeur d'Allemagne se rend au ministère des Affaires étrangères de Bruxelles pour y annoncer «*que des aviateurs français ont jeté des bombes, que la cavalerie a franchi la frontière, sans aucune déclaration de guerre !*

«– *Où cela s'est-il passé, Excellence ?*

«– *En Allemagne, monsieur le baron !*

«– *Alors je ne sais pas pourquoi vous vous donnez la peine, en pleine nuit, de nous annoncer cela à Bruxelles.*

«– *Pour que vous puissiez conclure de cette violation du droit des peuples que la France est à même d'entreprendre d'autres actes du même genre.*»

Ce grotesque nocturne constitue l'avant-dernière démarche officielle de l'ambassadeur d'Allemagne à Bruxelles. Une heure plus tard le Français téléphone au ministère : « *Feux mobiles dans le ciel ! Aucun doute : des dirigeables allemands !* » Le Français est fiévreux : ce sont des étoiles, mais tout le monde les voit bouger au cours d'une telle nuit. La France offre le secours de ses armes. On la remercie, on ne lui demande que son aide diplomatique, afin de ne donner aucun prétexte aux Allemands. Et on télégraphie en Angleterre en lui demandant « d'intervenir ».

Mais l'ultimatum de l'Allemagne expire à sept heures du matin. Ce n'est que vingt-trois heures plus tard que l'ambassadeur d'Allemagne déclara que l'Allemagne aurait « *recours à la force si c'était nécessaire* ». Trois heures après les gendarmes belges tiraient sur les premières troupes allemandes à Gemmenich.

En même temps l'ambassadeur d'Allemagne subit le feu d'une courte note, tandis que son souverain est frappé au cœur par un télégramme.

« *J'ai l'honneur de faire connaître à Votre Excellence qu'à partir d'aujourd'hui le gouvernement royal ne peut plus vous reconnaître un caractère diplomatique et qu'il rompt toutes relations avec vous.* »

Et le roi télégraphie au Kaiser, en français cette fois, dans une attitude symbolique :

« *Les sentiments d'amitié que j'ai exprimés à Votre Majesté, et ceux dont vous m'avez fréquemment assuré,… ne me laissaient pas soupçonner un instant que Votre Majesté nous mettrait dans la cruelle nécessité d'avoir à choisir à la face de l'Europe entre la guerre et le déshonneur, entre le respect de nos engagements et le mépris de nos devoirs internationaux.*

Albert. »

CHAPITRE XII

La balance

Les alliances de la vieille Europe étaient établies dans un bourbier. Chacun y attirait l'autre et l'épiait pour voir s'il n'oserait pas faire enfin quelque chose de défendu, et il s'écriait alors : « Le brigand a violé la frontière, au secours ! » La morale chrétienne interdisant l'attaque, seule la défense devait paraître le but ; et, pour que l'alliance pût jouer, chaque groupe attendait l'agression du groupe ennemi. Quelle profonde vérité et quelle ironie en même temps dans ce mot prononcé un jour à Munich par un diplomate au sujet du jeu des alliances : « *Il y a bien peu de gens qui connaissent le traité, et chacun semble l'interpréter d'une manière particulière.* »

Mais même sans alliance, les peuples eux-mêmes, qui avaient effectivement à se battre et à souffrir de la guerre, et surtout les basses classes, ne pouvaient être enflammés que par la conviction d'être atta-qués. Aussi chacun s'efforçait-il de se faire attaquer par l'autre. Ils auraient pu rester des semaines en présence, sous les armes, laissant le temps au monde de leur dire la parole décisive de la raison non encore armée.

Mais les généraux, tapis dans les palais des capi-tales, transmettaient leur volonté à l'aide du télé-graphe jusqu'aux postes avancés qui, en qualité de premiers acteurs, trépignaient déjà d'impatience. Partout aux frontières des patrouilles de cinq à vingt hommes étaient aux aguets. Une partie des «*violations de frontières*» sur lesquelles s'appuyaient alors la plupart des déclarations de guerre «*pour faire jouer les alliances*» se trouva donc être une réalité; ce qui n'était qu'inventé paraissait vraisemblable et pouvait être vrai une heure plus tard. Passe-temps de désœuvré que de se prononcer sur la lutte de ces documents qui des deux côtés tentèrent après coup de démontrer l'innocence de chacun! Une seule chose importe, l'intention des dirigeants de l'arrière, à l'avant la légèreté des avant-postes, et l'ambiguïté des traités avec laquelle tout le monde comptait. «En soi il n'y a rien de bon ni de mauvais : c'est la pensée seule qui fait tout.»

Tous les états-majors d'Europe imaginaient maintenant des violations de frontière pour faire pression à l'intérieur sur les diplomates hésitants. Selon Berchtold, les bateaux serbes auraient fait tirer sur des troupes autrichiennes, l'état-major allemand inscrivait à son compte l'incursion des Russes à Johannesbourg : «*De ce fait, la Russie a commencé la guerre contre nous*», déclarèrent les diplomates avec soulagement aux journalistes. Un petit corps de troupe, sans avoir connaissance de la déclaration de guerre lancée entre-temps par l'Allemagne, avait effectivement franchi la frontière.

Il était plus important pour la France d'être l'attaquée : les socialistes n'étaient pas les seuls à ne pas tenir à chanter l'hymne du tsar, il y avait aussi leurs adversaires, les banquiers du pays; mais l'alliée prépondérante, l'Angleterre, faisait nettement dépendre sa décision de l'attaque de la France par l'Allemagne. Iswolski, qui secondait sans scrupule les partisans de la guerre à Paris, télégraphia des choses que la révolution russe révéla par la suite. Le ministre de la Guerre, d'après lui, aurait dit cyniquement à son attaché militaire : «*Nous pouvons tranquillement déclarer que nos intentions sont absolument pacifiques, et que nous sommes prêts à ralentir notre mobilisation pendant un moment, ce qui ne nous empêchera pas de continuer nos préparatifs et même de les renforcer, en évitant autant que possible les grands transports de troupes.*» Et quand les Allemands arrivent réellement, Iswolski télégraphie avec enthousiasme à son chef :

«*Des patrouilles allemandes franchissent la frontière, cela va permettre au gouvernement de déclarer à la Chambre que la France est attaquée. L'entrée des Allemands dans le Luxembourg est vue ici d'un bon œil, car elle provoquera inévitablement une protestation de la part de l'Angleterre et la poussera à agir. L'Angleterre serait encore plus sensible à la violation de la Belgique, et l'on s'y attend ici.*» Un document diabolique qui révèle le cynisme de cette partie de l'Europe ! Paris publie en même temps les noms des localités envahies par les Allemands : Longwy, Cirey, Delle près de Belfort.

Les Allemands n'avaient pas de chance dans cet ordre d'idées : ils prétendaient la même chose, mais ne parlaient que de «*différents points*», de «*localités allemandes*», d'essais de destruction de voies ferrées à Wesel, à Kochem en Rhénanie ; ils parlaient aussi de pigeons voyageurs qui traversaient la frontière à Bâle et d'officiers français qui seraient passés à Walbeck en automobile, sous un déguisement. On en aurait même arrêté, mais ils se seraient ensuite enfuis en Hollande ; ceux-ci furent signalés à Londres comme de «*très dangereux*» violateurs de frontière. On parle en même temps de bombes lancées par des aviateurs français sur la voie ferrée près de Nuremberg, mais la chose fut démentie par la suite. On signala à Rome, afin de prouver que l'alliance devait jouer, que des médecins avaient infecté des puits près de Metz avec des bacilles du choléra. De tels rapports présentent un tableau du 1ᵉʳ août qu'aucune imagination de poète ne pourrait surpasser, et dans la crainte universelle projetée de l'intérieur vers l'extérieur comme avec d'énormes projecteurs pour trouver des ennemis dans le ciel et sur la terre, seul le chef de la police de Stuttgart conserva sa bonne humeur : « *On prend des nuages pour des avions, des étoiles pour des dirigeables et des pièces détachées de bicyclette pour des bombes.* »

Une autre voie était ouverte. Grâce à la grande prudence et au sens unilatéral de la mobilisation allemande, les éléments pacifistes de Paris, déjà puissants, pouvaient être encore renforcés et l'entrée en guerre de la France pouvait être retardée. La France était le seul des pays en danger à avoir, sous la pression des socialistes, reculé ses troupes à dix kilomètres de la frontière ; mais c'était surtout dans l'intention de provoquer la décision de l'Angleterre.

*

Le rôle de l'ambassadeur d'Allemagne à Paris était réduit à celui de courrier, à cela près que les « *notes commandées* » qu'il transmettait n'étaient pas sous plis fermés. À sa question obligatoire relativement à la neutralité de la France, il fut obligatoirement répondu que celle-ci agirait « *selon ses intérêts* », ce qui, eu égard à l'intérêt des milliards prêtés à la Russie, offrait un double sens assez joli. Viviani trouvant le lendemain le procédé de l'ambassadeur plutôt extraordinaire, considérant sa demande comme une menace et s'attendant à le voir enfin demander ses passeports, celui-ci répond simplement : « *Je suis prêt à partir.* »

Le même jour, Cambon télégraphiait à Paris de Berlin, que, le service télégraphique étant dérangé dans le sens Paris-Berlin, il lui fallait agir de sa propre autorité, il ne songeait d'ailleurs pas à demander ses passeports, mais à se faire mettre à la porte. Les deux ambassadeurs agissaient selon la nature de leurs alliances, logiquement : tous deux voulaient être violentés, afin de pouvoir crier au secours.

En attendant on mobilise, à Paris à trois heures quarante, à Berlin à cinq heures. Là, encore, un problème qui divisera longtemps les deux nations : chacune voulut jalousement être la dernière à l'avoir fait. Mais comme tout cela provient des forces intérieures et non de l'aiguille d'une pendule, il est permis aujourd'hui de dire ironiquement comme Sazonov : « *Qu'importe cette chronologie !* »

Une dépêche de Berlin ôta à l'ambassadeur d'Allemagne l'envie de partir ; l'Allemagne faisait à la France une offre surprenante : si celle-ci voulait rester neutre, les Allemands ne l'attaqueraient pas, mais pour leur sécurité ils seraient dans l'obligation d'occuper les places fortes de Toul et de Verdun. Me promets-tu, en somme, de ne pas me tomber dessus pendant que je me battrai avec ton ami, alors donne-moi d'abord ton fusil.

Il ne manquait que cette arme à Delcassé, qui bientôt après transforma le Cabinet et prit pour lui le portefeuille des Affaires étrangères, ce qui était tout indiqué en cas de guerre avec l'Allemagne.

Comme enfin quelqu'un devait faire le premier pas, ce ne fut ni Moltke ni Pau, ni Castelnau ni Tirpitz, ce fut un petit général de Berlin, chargé d'assurer la police et qui portait le titre formidable de commandant suprême dans les Marches. Celui-ci communiqua sans ménagement au ministère des Affaires étrangères qu'il était obligé, «*étant donné les violations de frontières authentiquement établies, de prendre à l'égard de l'ambassade de France et des Français qui se trouvent à Berlin des mesures semblables à celles qui ont déjà été prises à l'égard de l'ambassade de Russie et des Russes*». Jagow lui-même prit son crayon rouge et écrivit en regard : «*Que signifient ces mesures ? Nous ne sommes pas encore en état de guerre et, par conséquent, les diplomates sont encore accrédités.*»

Cette déclaration de guerre était, en effet, elle aussi difficile à rédiger : on était un peu gêné de la baser sur la réponse évasive de la France, aussi eut-on recours aux violations de frontière et aux bombes de Nuremberg. Mais c'était trop pour le patient télégraphe reliant Berlin à Paris : il se refusa à transmettre cette déclaration de guerre, et quand au bout du fil l'ambassadeur voulut la lire, le texte en était effroyablement embrouillé.

Mais M. de Schoen avait compris qu'il s'agissait de la déclaration de guerre, il la rétablit de lui-même et la remit dans l'après-midi à M. Viviani, donnant entre autres comme motif les bombes de Nuremberg, restées intelligibles mais que, peu de temps après l'envoi de la dépêche, le ministre de Prusse à Munich avait démenties à Berlin.

C'est sur cette base grotesque que commença la « guerre franco-allemande ».

*

L'Angleterre tenait toujours la balance en main, mais ses yeux n'étaient pas bandés, elle regardait, au contraire, ce qui se passait sur le Continent à l'aide de puissantes longues-vues, cherchant à se rendre compte où les espérances étaient les plus grandes.

Au sujet de l'Angleterre, les pangermanistes avaient, tout au moins dans le civil, des idées arrêtées : «*Une toute petite armée allemande suffirait*

*pour fermer la bouche à ces héros qui sont de l'autre
côté de la Manche... Il n'y aurait qu'à y débarquer
une division, et nous serions débarrassés de l'Angleterre.* » Les diplomates de Berlin pensaient de leur
côté : ils sont sournois, jaloux, mais assez loin cependant de l'autre côté de l'eau, ils n'ont que quelques
milliers de mercenaires, nous serons à Paris bien
avant qu'ils ne débarquent ; ce sont, en outre, des
gens qui veulent gagner dans tout et qui pour cette
raison resteront neutres. Même à la fin, quand Grey
fait dire que Vienne et Saint-Pétersbourg doivent
démobiliser au plus vite, sinon que tout est perdu,
Zimmermann est d'avis que Lichnowsky, avec ses
avertissements, ne pense qu'à s'assurer contre une
chute à la Pourtalès, voulant à la dernière minute
enchanter l'empereur par ses qualités d'homme
d'État en calmant l'Angleterre et s'emparer ainsi du
fauteuil de Bethmann. Les généraux étaient plus
sceptiques. Schlieffen leur avait déjà appris à
compter avec l'enjeu de l'Angleterre. La haine avait
agi sur la courte vue du Kaiser, si bien qu'à l'instar
des myopes après l'opération de la cataracte, cette
fois il voyait très clair. Le plaisir personnel que lui
causaient sa flotte et ses colonies le fit songer encore
une fois aux moyens de s'entendre tout de même
avec cette dynastie, bien que ses cousins, et, comme
ils croyaient tous que là-bas tout s'achète, le 29 il y
eut Conseil de la Couronne à Potsdam pour fixer le
prix maximal. Et l'on pria le chancelier de faire une
offre à ces « mercantis ».

Agité de pensées guerrières, Bethmann revenait
en automobile à Berlin ; la mobilisation était décidée, mais retardée encore. Bethmann avait cependant écrit lui-même *« que la mobilisation entraîne
inévitablement la guerre »*. Il était tard, il avait prié
sir Edward Goschen de venir le 29 à dix heures.

– Dira-t-il enfin ce soir le mot que nous atten-
dons depuis si longtemps ? pensait l'Anglais en
montant le large escalier qui menait chez le chancelier d'Empire. Et voici ce qu'il dut entendre :

« *Nous serions désireux de vous faire les propositions suivantes en vue de la neutralité de l'Angleterre
en cas de conflit.* »

– Subitement, pense Goschen, en pleine nuit,
sans aucun sondage préalable ?

« *Primo, nous nous engagerions, en cas de guerre
victorieuse, à ne pas prendre de territoire à la France*,
disait Bethmann.

« *– Colonies comprises ?*

« *– Je ne peux pas le promettre* », répondit Bethmann avec effroi, car il n'en avait pas été question à
Potsdam. « *Secundo, nous ménagerons la Hollande
aussi longtemps que les autres le feront.* »

– Il va maintenant m'offrir de respecter le Tibet,
songeait Goschen ; Bethmann continuait cependant :

« *Tertio, en ce qui concerne la Belgique il dépendra de la France que l'Allemagne soit obligée d'y
pénétrer ou non. En tout cas nous laisserons la Belgique dans son intégralité après la guerre, si toutefois
elle ne combat pas contre nous.* »

– Je rêve, pensait Goschen. Je ne suis pas dans
le cabinet de travail du chancelier allemand. Il se
contraignit cependant à dire : « *Je ne crois pas que
l'Angleterre puisse s'engager actuellement dans
aucune éventualité. Mais je vais transmettre votre
proposition à Londres.* »

Trente-six heures après, Grey faisait connaître sa
réponse. En l'entendant, Bethmann se sentit épouvanté, il tenta malgré tout de ne pas le montrer :
« *J'ai en ce moment un tel travail que je suis dans
l'obligation de vous prier de me donner cette réponse
par écrit.* »

L'Anglais avait pris la demande relative à la neutralité de l'Angleterre suffisamment au sérieux pour apporter la note ; il la laisse et s'en va. L'Angleterre refuse, parce que la France pourrait aussi bien être réduite à l'impuissance sans perte de territoire : « *et en particulier parce que ce trafic avec l'Allemagne aux dépens de la France serait une honte pour nous et que l'Angleterre perdrait à jamais son bon renom. De plus, M. le chancelier d'Empire nous demande de ne faire aucun cas des obligations et des intérêts que présente pour nous la neutralité de la Belgique, prétention que nous sommes obligés de repousser.* »

Bethmann retourne le papier dans tous les sens. Pour finir, n'était-ce pas tout de même un coup de maître ?

*

Churchill est heureux. Il parcourt Londres avec les offres de l'Allemagne, demandant partout si cela ne valait pas la peine de faire la guerre à de telles gens. Tous cependant se gardent d'exprimer leur avis à haute voix, car l'homme de la rue n'est pas plus hostile aux Serbes qu'il n'est favorable aux Balkans, et les journaux libéraux écrivent toujours que toute cette affaire ne les regarde pas. Il s'agissait d'attendre le moment psychologique, tout dépendant maintenant d'un bon régisseur.

Quelques jours avant l'offre de Berlin, les gros commerçants et les gros boursiers étaient allés trouver Lloyd George, demandant, au nom des intérêts qu'ils représentaient, le maintien de la neutralité : une guerre, même victorieuse, les ruinerait, tandis que neutres, ils restaient pour finir les banquiers de l'Europe. Après leur départ, Lloyd George avait de nouveau une meilleure opinion des Allemands, et il avait de nouveau appuyé Grey. Mais maintenant, après la proposition de Bethmann ?

Grey habitait précisément chez lord Haldane dans le Queen-Ann's-Gate, et les gens pouvaient lire que des diplomates venaient constamment chez Haldane, qu'il était, par conséquent, le maître de la situation. En réalité, Cambon lui-même ne l'était pas, il questionnait cependant Grey deux fois par jour et l'encourageait, exactement comme les gens de Saint-Pétersbourg, à s'expliquer nettement ; Cambon était mieux renseigné sur l'état d'esprit de Berlin, grâce aux rapports que lui adressait chaque jour son frère l'ambassadeur, et avec plus d'exactitude peut-être que Grey ne l'était par le sien.

« *Le moment est-il venu enfin ?* », demandait Cambon en étouffant un soupir.

« *Il sera venu, quand la position de l'Allemagne, sera parfaitement claire* », disait Grey incertain, et il partait pour la séance du Cabinet. Sentant que là-bas l'indécision persistait, il télégraphie de nouveau à Goschen – « *Qu'on gagne seulement du temps, que personne ne commence !* » Dans ses bons moments il croit encore à la paix universelle ; il cherche à la maintenir, car il hait la guerre et aime l'Angleterre.

– Pourquoi n'ai-je pas été plus fort ? pense-t-il par moments. Que me vaut notre liberté juridique ? Moralement nous sommes tout de même liés !

Ce qu'il espère et redoute tout à la fois, c'est qu'une scission se produise dans le Cabinet.

Son inquiétude intime augmente chaque jour, il expose le dilemme le 30 à son adversaire de demain, à l'ambassadeur d'Autriche, avec sa franchise coutumière : « *Deux voies opposées me sont ouvertes : nous mettre nettement du côté de la Russie et de la France, ce qui pourrait éviter la guerre. Ou bien déclarer que l'Angleterre restera neutre en toutes circonstances : mais cela n'éviterait pas cependant la guerre.* »

L'ambassadeur d'Allemagne s'efforçait d'obtenir de lui, pendant que l'empereur d'Allemagne le faisait auprès du roi, les conditions auxquelles ils pourraient garantir la neutralité de la France. Mais les mailles du filet sont trop solides pour qu'avec la meilleure volonté du monde on puisse se dégager et Paléologue a raison d'écrire : « *Le temps des combinaisons et des artifices diplomatiques est passé… Il n'y a plus d'initiative individuelle, plus de volonté humaine qui puisse résister au mécanisme automatique des forces déchaînées.* » Poincaré télégraphie à son tour à Londres au roi qu'il serait heureux d'agir à trois pour la paix, le roi lui répond par des phrases tout aussi morales : mais tous deux savent bien ce que cela veut dire, et que la formule « *cher et grand ami* », employée par le Français et retournée par l'Anglais, n'est qu'à moitié vraie des deux côtés.

Oui, si l'Allemagne démobilisait, l'Angleterre contraindrait son amie à en faire autant ! Mais il est trop tard : quand bien même on suggérerait au Kaiser d'abdiquer, le lendemain son fils partirait, dans son automobile dont la trompe fait entendre des notes gaies, pour cette guerre joyeuse.

Deux appels parviennent encore aux oreilles du Kaiser par-delà la Manche :

« *Belgrade a succombé, la Serbie est punie, poussez maintenant l'Autriche à se raviser !… Il n'y a que Votre Majesté qui le puisse… Dieu soit avec Votre Majesté, maintenant et toujours. Daisy.* »

Une autre personne, plus subtile et plus grave, s'adresse également au Kaiser, lui demandant de faire une proposition quelconque qu'elle transmettrait à Saint-Pétersbourg et à Vienne par ses amis. Daisy est la belle princesse anglaise de Pless, l'autre est lord Rothschild.

L'une est de vingt ans plus jeune que le Kaiser, l'autre est de vingt ans plus âgé ; tous deux sont

élégants et aimables, intelligents et puissants, ils
élèvent amicalement la voix. Vainement. Le Kaiser
met de côté le mot de Daisy, et écrit au bas de celui
de l'autre : « *Un vieil et très respectable ami à moi !* »
Là-dessus Zimmermann a noté : « *Réponse au nom
de Sa Majesté ?* », et à côté est la réponse : « *Câble
coupé, sans intérêt. – Stumm.* »

Entend-on la voix de la Wilhelmstrasse ? Le câble
est coupé soi-disant, mais on télégraphie sans arrêt
de Berlin à Londres. Oui, mais il y a là un dernier
petit danger, le banquier pourrait s'interposer avec
son argent juif, comme Jacob Schiff l'a fait un jour
à New York pour les Russes ; et, par conséquent :
« *Sans intérêt. – Stumm.* »

Enfin, le Cabinet de Londres fut délivré de son
inquiétude relative à la Belgique. Que l'Allemagne
voulait l'envahir, il y avait longtemps que Churchill
et Kitchener le prétendaient. La Belgique se résou-
drait-elle à résister, on pouvait se le demander : une
tradition de plusieurs siècles devait pousser l'Angleterre à souhaiter cette résistance et à la soutenir.
N'avait-elle pas toujours défendu ces côtes depuis
Édouard l'Ancien, contre l'Espagne, contre les
Bourbons et contre Napoléon ? Aucune grande
puissance ne devait s'établir sur ces rivages : c'est
pour cette raison qu'on leur accorda une neutralité
perpétuelle.

Protéger les faibles ? Comment alors l'Angleterre
aurait-elle pu repousser l'offre faite par Bismarck
de garantir la neutralité du Luxembourg ? C'était là
une vierge continentale que l'honneur de l'Angleterre ne se trouvait pas engagé à protéger. Mais la
fille flamande ne devait appartenir à personne, son
palais au bord de la mer devait rester un jardin de
fleurs sans fortifications et sans armes.

Gladstone l'avait prouvé un jour. Champion du
droit des peuples, pacifiste, foncièrement anglais,

prédécesseur de Grey et son modèle, il écrivit en 1870 en réponse aux révélations faites par Bismarck des désirs de Napoléon III concernant la Belgique : « *Il ne nous serait pas possible d'assister passivement au sacrifice de la liberté et de l'indépendance* » ; il disait la vérité à sa manière, mais sans offrir plus qu'il n'était nécessaire pour cet idéal. Il proposa, en effet, en même temps aux deux gouvernements en lutte la garantie de l'Angleterre en ce qui concernait la Belgique : *primo*, pour sauvegarder le droit international ; *secundo*, pour s'assurer contre le trop grand accroissement d'une puissance continentale ; bien anglais.

Tout cela est présent aux esprits du Cabinet ces jours-là, comme plus tard au peuple anglais lui-même pendant les années de guerre, masquant l'intérêt de l'Angleterre derrière la morale et choisissant intelligemment l'étendard autour duquel se ralliaient tous les amis du droit. C'est Lloyd George surtout qui soutint pendant des années ce rôle de gardien des sceaux du droit, dans de brillants discours, gagnant la conscience de l'Europe, pour la reperdre à Versailles. C'est lui surtout qui savait qu'une simple majorité à la Chambre basse ne suffisait pas pour faire cette guerre dans un pays dont l'armée se composait de volontaires et dont les colonies, là-bas en terre étrangère et lointaine, étaient devenues de grandes personnes indépendantes et capables de critiquer.

Ajoutez à cela le désir bien naturel chez lui et chez Churchill de conserver un pouvoir que la question de l'Irlande avait ébranlé. Seule la guerre pouvait affaiblir encore une fois les conservateurs, car c'étaient précisément les lords, les squires, les fermiers, ici comme partout ailleurs, qui se montraient plus désireux de faire la guerre que les libéraux, commerçants et ouvriers, qui de leur côté voulaient comme partout le maintien de la paix. Si les libéraux s'étaient alors trouvés parmi l'opposition, au lieu de faire partie du gouvernement, nul doute qu'ils eussent brisé l'ardeur belliqueuse des conservateurs. Mais ainsi ils se sentaient fortifiés par leurs adversaires.

Et cependant, pendant ces derniers jours, le Cabinet n'était pas seul indécis, Grey lui-même l'était. Ses quatre propositions de médiation sont là pour le libérer devant l'Histoire de l'accusation de machiavélisme même si la connaissance de son caractère ne suffisait pas. Il aimait la paix, n'avait aucun intérêt à entraîner l'Angleterre dans une guerre mais il sentait que son honneur et celui de l'Angleterre étaient engagés vis-à-vis d'amis, et pendant les derniers jours, il s'empêtra de plus en plus dans les conséquences d'une alliance politique qui se défendait vainement de porter ce nom. Le 29, il cacha à l'ambassadeur d'Allemagne, à qui il donnait de si sérieux avertissements pour Berlin, qu'on n'avait pas licencié la flotte, donc qu'on avait mobilisé en partie. Le 30, il tenta encore une fois d'intervenir à Berlin et à Saint-Pétersbourg, en même temps qu'à Paris.

Mais le 31 il fut hésitant. Une lettre et un mémoire y ont certainement contribué, émanant de deux de ses collaborateurs, Crowe et Nicolson, remplis d'arguments propres à le pousser et calculés sur son état d'esprit ; ces deux hommes étaient résolument pour l'Entente. Crowe en particulier, plein d'activité depuis trente ans au ministère des Affaires étrangères, jouissait d'une grande influence.

Grey avait déjà insinué au Cabinet que si l'Angleterre se maintenait dans sa neutralité, il serait obligé de démissionner ; mais personne ne savait si Asquith n'accepterait pas cette démission, ou si le parti adverse, groupé autour de Churchill et de Lloyd

George, ne donnerait pas également la sienne. La scission menaçait, en effet, de devenir dangereuse dans le Cabinet. Dans les trois empires, où il appartenait aux souverains de décider de la guerre ou de la paix, de tels problèmes ne se posèrent pas ; à Paris la coalition parlementaire était ferme. Mais à Londres les deux ailes des libéraux au pouvoir se combattirent jusqu'au 4 août ; plus discrètement qu'ouvertement, lutte au cours de laquelle la présidence du Conseil semble avoir fait perdre l'Europe de vue à quelques ministres. Mais l'idée que l'Angleterre pouvait au moment critique se trouver tout à coup sans Cabinet par suite de la rupture du parti en deux groupes parut à ces hommes politiques anglais presque aussi fâcheuse que la guerre. Aussi, pour finir, demeura-t-on d'abord d'accord ; le 31, le Cabinet refusait encore de se lier à personne, et déclarait que la neutralité était le seul moyen d'éviter le complet écroulement du crédit européen ; cela pouvait « *essentiellement* » déterminer l'attitude de l'Angleterre.

Cambon est fiévreux, il craint de perdre les avantages préparés pour la France au cours des années et avec tant d'art : il est comme Méphistophélès à qui quelques anges veulent ravir l'âme de Faust après qu'il a tant fait pour l'avoir à lui. Oui, il lui faut patiemment entendre Grey dire que la Russie a précipité la crise « *et donné l'impression que la Russie avait provoqué la mobilisation allemande* ». (Aveu important qui témoigne contre la Russie.) Cambon ne peut, par contre, que mettre l'Angleterre en garde contre la répétition de la faute commise en 1870, faute qui « *permit à l'Allemagne de devenir une puissance formidable* ». Le 1er août, malgré la déclaration de guerre, l'attitude de Grey n'est pas plus ferme ; il refuse toujours de faire une promesse quelconque à l'Allemagne, même pour le cas où elle ne toucherait pas à la Belgique. Cette attitude, bien que trop tardive pour rien changer, pourrait être reprochée à l'Angleterre, si Moltke lui-même n'avait avoué «*que respecter la Belgique eût été payer la neutralité de l'Angleterre bien trop cher, car l'offensive n'était possible que par la Belgique*». Dans cette effrayante extrémité, Grey a recours à un dernier moyen : il propose à l'Allemagne et à la France de rester en armes de chaque côté de leur frontière, sans bouger, se portant alors garant de la neutralité de l'Angleterre. Les Allemands acceptent : c'était vraiment une chance sans égale de n'avoir à faire la guerre que sur un front après avoir redouté pendant des années d'avoir à la faire sur deux fronts ! Mais quand Grey communique cette réponse à Cambon, il ajoute froidement, comme s'il ne connaissait pas l'alliance qui lie la France : «*Si la France ne tire pas parti de cette proposition, c'est qu'elle est tout simplement liée par une alliance à laquelle l'Angleterre n'a aucune part et dont nous ne connaissons pas les conditions.*»

Cambon provoque alors une scène inaccoutumée, il s'écrie : «*Je me refuse à transmettre un tel message à Paris ! La colère et la révolte en seraient la conséquence ! Mon peuple dirait : "Vous nous avez trahis !"*» Grey peut-il rappeler son ami à l'ordre ? Son cœur ne doit-il pas lui pardonner de s'émouvoir ? Il est vrai que l'Angleterre n'a pas donné de blanc-seing à la France comme Guillaume l'a fait pour l'Autriche ; mais depuis huit ans et principalement depuis deux il lui a toujours donné à entendre qu'en cas de péril il pourrait compter sur elle. Et maintenant ? «*Alors la flotte allemande peut s'introduire dans la Manche et venir attaquer nos côtes sans défense !*», s'écrie Cambon.

«*L'opinion publique changerait alors chez nous*», répond Grey, battant en retraite.

Le lendemain matin, le 2 – Cambon ne négligeait rien et il fit annoncer pendant la séance de nouvelles violations de frontière de la part des Allemands –, Grey amène le Cabinet à garantir la protection des côtes françaises en cas d'attaque par les Allemands, mais avec l'approbation de la Chambre basse ; mais là-bas l'opposition s'est déclarée prête à entrer en guerre. Le Cabinet consent à mobiliser toute la flotte, ce qu'il refusait l'avant-veille, et ce que Churchill a décrété la veille de sa propre autorité. Cambon sent l'espoir lui revenir : il souhaite que l'armée allemande pénètre en Belgique, ce à quoi bien des gens s'attendaient depuis dix ans en cas de guerre. Au cours d'un déjeuner qui réunit les ministres modérés à l'issue de cette séance, on est unanime à remarquer que « *le Cabinet était pas à pas adroitement entraîné dans la guerre au profit de la France* ». Quand alors Grey pose à l'Allemagne et à la France la question qui devait fixer le destin, à savoir : La Belgique sera-t-elle respectée ? Cambon seul en fait la promesse. Lichnowsky, par ordre de Berlin, est dans l'obligation de refuser une réponse nette. C'était ce dont Grey avait besoin à ce moment, bien qu'il l'eût réellement craint auparavant : il avait, enfin, un motif populaire pour l'entrée en guerre de l'Angleterre, un motif que l'homme de la rue comprendrait !

Dès la veille, outre le courageux sous-secrétaire d'État Trevelyan, quatre membres du Cabinet avaient donné leur démission, bien que la décision ne fût pas encore définitive et dût tout d'abord être soumise à la Chambre basse ; deux d'entre eux, après la violation de la neutralité de la Belgique, retirèrent leur démission. Il ne resta pour finir que deux hommes qui représentaient deux mondes et deux milieux : le président du Conseil intime, beau vieillard distingué de soixante-seize ans, Lord

Morley, surnommé dans toute l'Angleterre « *honest John* », alliage spécifiquement anglais de compétences littéraires et de compétences politiques ; et le chef du parti ouvrier, John Burns : un géant qui, un demi-siècle auparavant, avait, gamin de dix ans, roulé et coupé des bougies, puis avait tout appris par lui-même, était devenu socialiste parce que Mill ne lui suffisait pas, se fit mettre en prison à plusieurs reprises, et maintenant, ministre depuis huit ans, se retirait à son grand dam personnel pour exprimer le veto opposé à la guerre par les puissants trade-unions.

Ce furent dans toute l'Europe les deux seuls hommes au pouvoir qui se refusèrent à signer un document de l'injustice duquel des gens furent tout de même convaincus, dans tous les Cabinets d'Europe, ce qui ne les empêcha pas de garder le silence.

Avec cette signature qu'ils n'ont pas donnée, avec ce pouvoir auquel ils renoncèrent, Morley et Burns se sont fait dans l'Histoire une place plus honorable que tous les empereurs, princes, généraux et ministres d'État qui à ce moment-là crurent affermir leur puissance en décrétant la guerre et cependant la perdirent. Seuls deux hommes d'État en Europe, Lloyd George et Pachitch, virent leur autorité survivre sans accroc à la guerre dont ils avaient signé le commencement, et encore tous deux durent quitter le pouvoir peu après, tandis que Macdonald, fidèle à sa conviction, abandonnait la conduite de son parti qu'il ne devait reprendre que dix ans plus tard.

Le lendemain, avant et pendant la séance de la Chambre basse, les nouvelles se précipitèrent : l'entrée des Allemands en Belgique fut connue à midi ; la dépêche du roi Albert appelant au secours le fut pendant la séance. On commença tout d'abord par empêcher des protestations de la part de la minorité. Macdonald, le chef des travaillistes, se contenta de prononcer à la Chambre quelques mots contre Grey ; deux jours plus tard, le Labour Party acceptait avec le reste de la Chambre les crédits de guerre… Les sentiments étaient divisés, mais les opposants à la guerre furent une petite minorité et Macdonald renonça à la conduite du Parti.

Grey parut agité pour la première fois, il voulait prendre vivement la parole, il sentait bien l'importance universellement historique de ce qu'il allait dire. Il triompha, non parce que ce discours était supérieur, mais parce que ce fut le seul discours en Europe au moyen duquel le chef de la politique extérieure exposa aux représentants d'un peuple des raisons pour et contre, des intérêts et des sentiments, toute la complexité de l'impondérable, afin que ces hommes se sentissent libres de décider. Dans chacun des trois empires, la guerre fut déclarée indépendamment et sans aucun contrôle de deux à cinq fois, et dans chaque cas par un homme qu'à peine quelques hommes conseillaient. En France et en Belgique la question fut bien posée, mais elle n'était que rhétorique, car de ces deux Parlements l'un ne fut consulté qu'après la déclaration de guerre et l'autre ne pouvait dire non. En Angleterre seulement, tout le problème fut exposé aux gens responsables :

« *Jusqu'à hier nous n'avons pas promis autre chose qu'une aide diplomatique… J'ai simplement déclaré pendant la crise marocaine à l'ambassadeur de France et à l'ambassadeur d'Allemagne que l'opinion publique aurait été en Angleterre vraisemblablement favorable à la France si une guerre était imposée à celle-ci. Je n'avais permis de conversations entre les experts navals et militaires qu'à la condition que les deux gouvernements resteraient libres… En 1912, nous nous sommes mutuellement assurés de la liberté laissée à nos gouvernements.* (Et il donne lecture des lettres échangées avec Cambon en novembre 1912…) *L'honneur de la France est engagé dans la présente crise et c'est uniquement ce qui l'a entraînée dans le conflit à la suite de son alliée. L'amitié qui nous lie à elle est déjà de longue date, jusqu'à quel point l'amitié entraîne-t-elle des devoirs, c'est ce que chacun doit demander à son propre cœur, et c'est d'après ses sentiments qu'il doit estimer jusqu'où vont ses engagements.*

« *Mon point de vue personnel est celui-ci : la flotte de la France est dans la Méditerranée, ses côtes du Nord et de l'Ouest sont sans protection. Qu'une flotte étrangère arrive et les attaque, l'Angleterre est dans l'obligation d'agir. Je le dis au point de vue des intérêts britanniques. La France est en droit, à mon avis, de savoir et de savoir immédiatement si, au cas où ses côtes du Nord et de l'Ouest seraient attaquées, elle pourrait compter sur le concours de l'Angleterre… En ce qui concerne la Belgique, notre honneur et nos intérêts sont mis en question au moins aussi fortement qu'en 1870. Il ne nous est pas possible de concevoir moins sérieusement nos obligations que M. Gladstone ne l'a fait en 1870.* » (Et il donne lecture des réponses des deux ambassadeurs et de l'appel du roi Albert.)

« *Si l'indépendance de la Belgique disparaît, il en sera de même de l'indépendance de la Hollande. Considérez maintenant quels intérêts britanniques seront en jeu si nous nous maintenons à l'écart d'une telle crise. Ce que nous aurons économisé en forces à la fin de la guerre compensera-t-il ce que nous aurons perdu en considération ? Du reste, ne croyez pas qu'une grande puissance, qu'elle prenne part à la lutte ou reste neutre, puisse à la fin faire valoir sa supériorité. Avec notre puissante flotte, si nous y prenons part, nous aurons à peine plus à souffrir que si nous demeurons passifs ; nous aurons, en effet, à souffrir effroyablement de cette guerre, dans tous les cas. Notre commerce d'exportation va s'arrêter, et, même dans le cas le plus favorable, nous serons dans l'impossibilité de changer ce qui sera arrivé au cours de la guerre : toute l'Europe occidentale à part nous, tombée sous la domination d'une seule puissance... Que le pays songe à tout ce qui est en jeu, et je crois qu'il soutiendra le gouvernement sans réserve et de façon durable. »*

Dans ce discours tout est pesé, il n'y a rien d'exagéré, peu de choses sont voilées. Pas un mot du caractère sacré des traités. L'Angleterre savait combien de traités incommodes, dans tous les Cabinets, avaient été mis au panier.

Après ce discours du ministre libéral, parlant pour la guerre contre le programme de son parti et contre son propre cœur, ses amis les libéraux gardèrent un silence oppressé, tandis que ses adversaires les conservateurs l'applaudirent bruyamment. Les paroles de Grey cachaient, en effet, son opinion intime et il y a là comme un tragique jugement contre sa faiblesse.

Ce n'est que peu de temps après, le 6 août, que Asquith s'exprima ainsi à la Chambre basse : « *Nous combattons, en ces jours où l'humanité semble de plusieurs côtés dominée par la force, pour le principe que les petites nations ne soient pas écrasées contre toute loyauté internationale par la volonté arbitraire d'une puissance supérieure. Je ne crois pas qu'une nation soit jamais entrée dans une grande querelle en ayant la conscience aussi tranquille que nous ; nous ne combattons, en effet, ni pour attaquer quelqu'un, ni pour soutenir nos propres intérêts, mais pour la défense de principes dont dépend la civilisation de l'univers.* »

L'Angleterre jette dans la balance ses balles de

fer, ses lingots d'argent et les bulles aériennes de l'esprit.

Pendant les négociations entre Berlin et Londres, il sembla un instant que la guerre franco-allemande pourrait être évitée, grâce à la garantie de l'Angleterre. Il y avait, il est vrai, un malentendu, mais la façon dont on traita le cas révèle d'un seul coup la nature souveraine de la machine de guerre que personne ne peut plus arrêter une fois qu'elle a été mise en mouvement. Le chef de l'état-major russe fut épouvanté quand le tsar à Saint-Pétersbourg voulut la lui prendre des mains, il en fut de même deux jours plus tard (le 1er) de ses collègues allemands à Berlin. Quand la nouvelle rassurante parvint d'Angleterre, le Kaiser dit à Moltke : «*Eh bien, nous allons tout simplement porter toute l'armée dans l'Est !*

«Moltke : *C'est impossible, Majesté. Le déplacement d'une armée composée de millions d'hommes ne s'improvise pas. Si Votre Majesté persiste à vouloir emmener toute l'armée dans l'Est, vous n'aurez plus qu'une masse confuse d'hommes armés, en désordre et sans ravitaillement.*

«Le Kaiser : *Votre oncle m'aurait donné une autre réponse !*

«Moltke : *Il est absolument impossible d'opérer autrement qu'en suivant le plan établi : de grandes forces dans l'Ouest, de faibles dans l'Est.*»

Là-dessus l'empereur télégraphie au roi d'Angleterre : «*Pour des motifs d'ordre technique, la mobilisation, que j'ai ordonnée aujourd'hui, ne peut s'opérer que selon ce qui a été préparé sur deux fronts, dans l'Est et dans l'Ouest... J'espère que la France ne s'énervera pas.*» Et pour atténuer la menace résultant inévitablement d'une concentration sur la frontière, l'empereur ordonne deux jours plus tard (1er août) : « *La 16e division à Trèves ne doit pas marcher sur le Luxembourg.* »

Moltke, qui décrit cette scène, avoue : « *J'avais la sensation que mon cœur allait éclater. Grand danger une fois de plus de voir le désordre dans le déploiement de notre armée. Chez moi je me sentis brisé, et je versai des larmes de désespoir… Je restai assis dans ma chambre, incapable de rien faire, sombre, jusqu'à onze heures du soir, où je fus de nouveau appelé chez Sa Majesté.* » Explication, erreur, guerre contre la France, rien de changé. Et Moltke conclut : « *Je n'ai jamais pu surmonter l'impression de cet événement. Quelque chose avait été détruit en moi et ne put renaître, ma confiance et mon assurance étaient ébranlées.* »

La logique de la machine écrasait son constructeur et faisait de lui son esclave. Yanouchkévitch et Moltke, qui pendant toute une existence n'avaient pensé qu'à la guerre, n'avaient travaillé que pour elle, l'avaient souhaitée, souffrirent effroyablement au moment où, ayant enfin mis en route leurs jouets précieux, ils devaient soudain les arrêter. « Quelque chose en moi avait été détruit », écrit le général, avant même d'avoir commencé son œuvre de destruction.

CHAPITRE XIII

Ceux qui furent trompés

Où sont restées les masses ? Les rues des villes se sont-elles déjà vidées, tous les hommes partant en armes à la frontière, et toutes les femmes fuyant chez elles en larmes ? Les cris de millions d'êtres impuissants n'ont-ils pu assourdir les dix commandements d'airain de quelques hommes puissants ? La raison ne s'est-elle pas efforcée de soutenir les victimes, afin qu'elles se dérobent aux sacrificateurs, en raillant le caractère sacré de semblables autels ?

Il y a toujours de la rumeur dans les rues. Les condamnations à mort ne sont pas encore placardées sur les maisons, les victimes défilent toujours devant les palais mystérieux des grands prêtres, poussant des cris rauques, hurlant leur volonté de vivre, se pressant avec menace devant leurs fenêtres.

Mais ils n'ont déjà plus de chefs ! Dans des pièces hermétiquement closes, absolument comme les diplomates, les chefs du peuple des travailleurs sont assis autour de tables et tiennent conseil pendant des heures. Leurs sièges sont plus durs, leurs cigares coûtent moins cher, leurs habits sont plus grossiers, il n'y a pas de valets pour fermer les portes ; on ne voit pas ici les laquais silencieux s'incliner obséquieusement devant les serviettes de cuir des attachés longtemps après le départ de Son Excellence.

Mais ils ont aussi leurs secrets à l'égard de la foule, eux aussi sont déjà devenus des grands prêtres. Ils pressentent déjà, mais ne le disent pas encore, que demain il leur faudra peut-être se taire.

Peut-être. Ils espèrent encore, et seuls ceux d'entre eux qui sont faibles, seuls ceux qui sont las de leur longue opposition mais qui ont pu assurer le sort de leurs enfants, reviennent maintenant aux idées nationalistes, et voudraient marcher avec le gouvernement.

Berlin : « *La réunion annoncée pour dimanche dans le parc de Treptow a pour but de s'opposer à la guerre. C'est pour cela qu'il est à craindre que, dans la difficile période actuelle, le fait de la laisser se tenir ne soit un danger pour la sécurité publique.* » Malheur à celui qui élève la voix contre la guerre ! Il pourrait sauver la paix ! En trente-neuf réunions populaires, les socialistes tentent alors de réaliser dans des salles fermées ce qui leur était interdit à ciel ouvert. En vain. Ils essaient encore, deux jours plus tard, en dix-sept réunions. La police disperse tout le monde.

Elle se sent forte. Elle lit le *Vorwärts* ; il faiblit, il murmure : « *Nous ne demeurerons pas dans une impassibilité fatale au cours des événements qui s'approchent, nous resterons fidèles à notre cause, pénétrés de la grandeur sublime de notre mission civilisatrice. Les sévères prescriptions de la loi martiale frappent très durement le mouvement ouvrier. Irréflexions, sacrifices inutiles et faussement interprétés font en ce moment du tort à chacun de nous, et en font aussi à notre cause. Nous vous invitons à patienter jusqu'à ce que l'avenir appartienne malgré tout au socialisme unissant les peuples.* »

Le démocrate socialiste Hofmann dit au Landtag de Bavière : « *Nous nous trouvons à la veille d'un événement qui pourrait mettre l'existence de l'empire en question, et peut-être sera-t-il nécessaire d'appeler jusqu'au dernier homme à la défense de la patrie. Si dans quelques jours le peuple allemand doit être appelé sous les armes, les démocrates socialistes défendront aussi la patrie. »*

Quand le parti commença cette retraite, il sentait que quatre millions d'électeurs étaient insuffisants pour faire une révolution, donc qu'il fallait se soumettre. Nous obéirons, mais nous protesterons, jamais nous n'accorderons au Reichstag l'argent dont il a besoin pour ce crime immense. Notre silence plein de ressentiment montrera à nos frères ennemis, de l'autre côté, ce que nous pensons. Nous nous tendrons bientôt la main par-dessus la tête des officiers !

C'est ainsi que la plupart d'entre eux se décident, rares sont ceux qui s'expriment autrement dans les premiers pourparlers. Aucune résolution n'est prise. On envoie bien vite un homme de confiance à Paris pour qu'il se mette d'accord avec Jaurès, qui l'avant-veille promit encore à l'Allemand Haase de résister ! Le mieux serait de prononcer le même veto dans les Chambres de tous les centres belliqueux. Le même soir Hermann Müller part pour Paris portant chez l'adversaire la conscience de l'Allemagne.

Cependant, les ouvriers allemands sont des Allemands. On a eu beau les insulter pendant trente ans du nom de sans-patrie, ils n'en pensent pas moins avec plaisir à leurs deux années de service militaire. Il est question de sortir de nouveau de l'ordinaire, et l'État va s'occuper des enfants laissés à la maison. Le danger ? Comme si demain la chaudière ne pouvait pas sauter, et puis toutes les balles ne portent pas ! Les chefs savent ce que pense la foule, ils savent qu'elle est trop faible pour se révolter ; un mot suffira pour les excuser à leurs propres yeux : le tsar sanguinaire est notre ennemi !

Bethmann agit en diplomate : il faut maintenant

publier au plus vite la dépêche du Kaiser faisant appel à la paix, mais ne pas parler de tout ce qui a été fait de part et d'autre pour la guerre, pas plus que de la proposition du tsar relativement à La Haye ! Debout ! Pensez à votre Bebel qui voulait combattre contre le tsar ! Nous combattons pour la liberté contre l'autocratie des barbares armés du knout !

Si trois points seulement des négociations extérieures avaient été aussi bien médités que ce seul point de politique intérieure, on se fût épargné une guerre mondiale. Mais l'orgueil poussait à la légèreté, tandis qu'ici la crainte amenait la prudence. Du moment que l'on parvenait, dans cette guerre aux alliances illogiques, à faire croire à l'idéal d'une lutte contre des hordes asiatiques, il n'y avait plus qu'à replier le drapeau rouge ; peut-être même mettait-on la division dans les rangs de ses adeptes.

Oui, ils ne sont déjà plus d'accord.

Le *Badische Volksfreund* : « *En cette heure effroyable les passions de parti doivent se taire… La démocratie sociale a fait tout ce qui était en son pouvoir pour éviter la guerre. Elle n'est pas responsable de ce que les choses ont été si loin. Ce n'est pas d'hier ou d'avant-hier, mais bien depuis des années que sa politique vise à éviter cette épouvantable catastrophe.* »

La *Chemnitzer Volksstimme* : « *Une seule question nous préoccupe : voulons-nous vaincre ?… Avant tout notre devoir est de combattre contre l'autocratie des Russes armés du knout. Des femmes et des enfants d'Allemagne ne doivent pas devenir victimes de la bestialité des Russes. Si la Triple Entente remportait, en effet, la victoire, ce ne serait pas un gouverneur anglais ou un républicain français qui régenterait l'Allemagne, ce serait le tsar russe… Pas de cris d'allégresse ou de haine à l'égard de l'ouvrier russe, pas de Dieu pour le roi, c'est pour la liberté alle-*

mande que tous nos camarades iront au combat, fermement résolus à ne pas moins faire leur devoir envers la patrie que les patriotes aux belles phrases. »

Le *Essener Arbeiterzeitung* : « *Si le pays se trouve menacé par les décisions de la Russie, alors, en considération du fait qu'il s'agit de combattre contre le tsarisme sanguinaire, plusieurs millions de fois criminel envers la liberté et la civilisation, les démocrates socialistes seront les premiers à faire leur devoir et à désirer se sacrifier pour le pays. À bas le régime tsariste ! À bas le refuge de la barbarie ! Tel sera alors notre cri de ralliement.* »

Debout, mineur allemand ! Ton frère des mines de Lorraine, dont les galeries sont si proches des tiennes que tu pourrais presque l'entendre frapper du pic, tue-le au nom du Dieu allemand et par ordre du roi ; mais, pendant que tu vises, songe que tu aimes l'ennemi que tu veux tuer, que tu hais le roi à qui tu as prêté serment, et que tout cela se passe au bord de la Marne, uniquement parce que le tsar sanguinaire voudrait régir l'Allemagne et livrer tes filles à la honte ! C'est là qu'il y a confusion, mais celle-ci n'est pas encore générale. La *Leipziger Volkszeitung* traite ses frères de « *tyrannicides suspects* », et met en garde contre des citations actuelles de Marx et Bebel, partisans autrefois de la guerre avec la Russie, car « *ce sont les fils de ceux qui montèrent sur les barricades qui soutiennent aujourd'hui les autels et les couronnes que leurs pères et leurs grands-pères ébranlèrent… Qui voudrait prétendre qu'un État de l'Europe centrale en guerre contre la Russie porte aujourd'hui la révolution en Russie !… Le gouvernement allemand, s'appuyant sur une idéologie arriérée, cherche à exciter l'ouvrier allemand à faire la guerre à la Russie. La duperie est évidente !* »

Même après la déclaration de guerre, le *Vorwärts* se moque du mal que l'on se donne pour présenter cette guerre comme voulue par les socialistes et il demande aux siens de ne pas voter avec la majorité au Reichstag, car alors le tsar s'écrierait : « *Voilà la nouvelle qu'il me fallait ! Notre propre révolution est maintenant brisée ! Il n'y a plus qu'à déchaîner les dogues du nationalisme ! Je suis sauvé !* »

Demain le *Vorwärts* sera obligé de s'exprimer autrement car la décision sera prise. Deux jours avant, pas davantage, le comité du parti déclarait au chancelier qu'ils seraient forcés de voter contre les crédits. Et aujourd'hui ?

Ils sont là une centaine dans la salle du comité. À côté d'hommes du peuple, d'artisans, qui parlent avec animation d'une voix rauque et frappent du poing sur la table, à côté de desperados au regard téméraire, à la barbe courte et dure, au col trop large et à la vieille cravate de confection, il y a des docteurs et des avocats, dont l'aspect extérieur est celui de la petite bourgeoisie ; leurs pères en étaient, en effet. Les représentants de la majorité se lèvent pendant la séance et disent :

« Il résulte du nouveau Livre blanc publié par le gouvernement que la Russie a mobilisé la première, et n'a pas attendu notre déclaration de guerre pour franchir la frontière. Dans l'Ouest également, d'après des rapports officiels, les Français sont déjà en territoire allemand : donc guerre défensive ! Dans ce cas-là nous ne devons pas voter contre des crédits dont la moitié est destinée à venir en aide aux femmes et aux enfants du pauvre peuple. Nous ne sommes que le quart des députés, nous ne pourrions pas empêcher le vote, notre opposition ne ferait qu'éveiller dans les masses l'impression qu'il nous est indifférent d'être envahis et écrasés, et c'est peut-être ce que l'on souhaite. On ne peut tenter une grève générale que si l'on est assez fort pour atteindre le gouvernement. Sinon la guerre civile rend service à l'ennemi. » Ainsi s'exprime la majorité.

La meilleure tête de cette réunion, Kautsky, est pour l'abstention, comme Bebel en 1870, mais il reste seul.

La minorité, avec Haase, Ledebour, Liebknecht, refuse, elle, de s'en rapporter au temps où il n'y avait que deux socialistes au Reichstag ; aujourd'hui ils sont cent dix, représentant près du tiers de la population ! Le Livre blanc est peut-être falsifié ! Pourquoi le gouvernement dont nous nous sommes toujours méfiés dirait-il aujourd'hui la vérité ? Nous sommes le plus grand parti d'Europe, notre adhésion produirait une consternation générale, serait probablement la ruine de l'Internationale. Des dépêches émanant hier et aujourd'hui de Londres, de Paris, de Milan, de Bruxelles, nous invitent à la résistance. Tous ceux qui accorderont les crédits auront leur part de responsabilité de la guerre et de ses buts. Il faut demander encore aujourd'hui au chancelier de s'engager à ne faire aucune conquête. Il s'y refusera, à notre tour nous refuserons l'argent, ce qui éclairera les masses.

La discussion dure des heures. La minorité songe à un vote séparé, mais elle repousse cette idée pour ne pas affaiblir le parti : deux mondes de croyants tentent encore de rester sous un même dogme. On vote : soixante-dix-huit voix contre quatorze. Haase, qui préside, se conforme à la discipline et se charge de donner lecture au Reichstag d'un document qu'il a repoussé. La minorité n'avait gagné qu'une phrase : *« Aussitôt que la guerre deviendra une guerre de conquête, nous nous dresserons contre elle de la façon la plus énergique. »* Dernier cri de la conscience pacifiste ! Quand on présente cette déclaration au chancelier, le soir même, celui-ci demande la suppression de cette formule restrictive. L'entretien est un entretien privé. La phrase est biffée.

Cette attitude des socialistes allemands causa une telle surprise à l'étranger que la feuille du parti à Bucarest, une semaine après, prétendait encore que la nouvelle était mensongère et que l'*Arbeiter Zeitung* de Vienne, bien qu'ayant sous les yeux un journal de Berlin publiant le rapport, raillait ce journal en prétendant que c'était un organe gouvernemental.

À Vienne, le parti autrichien étant beaucoup plus faible avec seulement un million d'électeurs, il fallut changer d'avis encore plus vite. Le gouvernement peut se permettre d'écrire dans ses journaux : « *D'après des nouvelles de source sûre, il y a dans la Monarchie austro-hongroise un grand nombre d'éléments subversifs, qui mettent la sécurité publiquement en danger. Tous les organes du gouvernement sont, en conséquence, invités à prendre toutes mesures utiles pour rendre inoffensifs ces éléments dangereux... Toutes communications en ce sens peuvent être données au service de la surveillance au ministère de la Guerre.* » Pendant quinze jours les socialistes d'Autriche avaient combattu avec passion les provocations du comte Berchtold. Maintenant ils entendaient « *la voix d'airain de l'histoire, le voile est arraché et découvre le jeu impudent de la politique tsariste* ». Mais les vrais sentiments des chefs apparaissent dans les phrases ironiques de la fin : « *La vie pour le tsar, – toute l'humanité civilisée va jouer cet opéra comme une sanglante farce grotesque !* » Malgré tout, le jour où les crédits sont accordés à Berlin est célébré dans l'*Arbeiter Zeitung* à Vienne « *comme le jour de la plus fière et de la plus formidable exaltation de l'esprit allemand* ». Et il en est de même à Budapest et à Prague, à Lemberg et à Klagenfurt, dans toutes les populations d'Autriche.

*

Le motif ? Les gouvernements d'Europe trompent les peuples ! Il est facile de le prouver en ce qui concerne trois des cinq grands Cabinets, documents en main.

En Angleterre, la tradition s'oppose à une telle tromperie, et le contrôle exercé sur les ministres par la Chambre basse rend la chose impossible. Les documents anglais – les seuls qu'un gouvernement a donnés de bon gré, car dans les trois empires c'est la révolution qui les a fait connaître – montrent qu'on y est resté fidèle aux principes de la vieille Angleterre ; il n'a pour ainsi dire pas été possible de prouver que les différences formelles existant entre le Livre bleu d'août 1914 et la collection de documents de l'année 1926 constituent des falsifications ; il y a des imprécisions, mais nulle part elles ne sont décisives. Il y a aussi des lacunes naturellement, mais rares sont celles qui pouvaient être en faveur de l'Angleterre. Il est vrai, par contre, que Grey a été en liaison avec la France et la Russie entre 1912 et 1914, sans que la Chambre basse en ait eu connaissance, la moitié même du Cabinet l'ignorait, si bien que le *Manchester Guardian* put écrire le 4 août : « *Le discours prononcé hier par sir Edward Grey montre que pendant des années il a caché toute la vérité.* » Une partie de la presse, en ces journées décisives, a aussi affolé la paisible population en publiant d'effroyables mensonges sur les incursions, les attaques et les intentions allemandes.

On ne peut pas encore vérifier le Livre jaune français, mais là encore on peut en déduire indirectement qu'il contient des falsifications ; il est déjà suspect qu'on ait eu besoin de quatre mois pour sa publication. Des Français amis de la vérité y ont déjà découvert cinq falsifications. D'après eux, le gouvernement français aurait voilé au peuple qu'il avait connaissance de la mobilisation générale de la Russie, il a insisté sur ses intentions pacifiques, et montré, au contraire, que l'Allemagne voulait la guerre. Deux de ces documents ont été créés presque de toutes pièces, et Poincaré tenta vainement de l'expliquer par la suite « *comme nécessité par le secret du chiffre* ». On peut trouver d'autres indices sur la valeur de ce Livre jaune dans l'avis du légiste français Larnaude, doyen de la faculté de droit de Paris, et du professeur de droit international Lapradelle, qui pour une commission officielle au cours des négociations de paix basèrent « *la responsabilité pénale de Guillaume II* », entre autres sur la lettre du Kaiser, dite « *lettre du Hun* », et dans laquelle il aurait écrit à François-Joseph : « *Mon cœur saigne, mais il faut tout saccager par les armes et par le feu, il faut tuer des hommes, des femmes, des enfants et des vieillards ; ni un arbre ni une maison ne doivent rester debout. En agissant par la terreur, seul moyen de battre un peuple aussi dégénéré que les Français, la guerre sera finie avant deux mois, alors que si l'on s'arrêtait à des considérations d'humanité elle pourrait durer des années.* » Il paraît d'autant plus surprenant qu'on ait fabriqué une telle lettre, que ce grand peuple passe pour psychologue, et incapable de s'en laisser imposer par un document si peu psychologique. De même, le fameux « *mémoire secret et officiel sur le renforcement de l'armée allemande* » donné dans le Livre jaune du 13 avril comme étant l'œuvre de Ludendorff, avait manifestement été imaginé de toutes pièces.

Les falsifications opérées par le gouvernement russe ont été révélées par les publications des Bolcheviks : soixante-dix-neuf numéros ont été donnés le 7 août 1914, on en compte aujourd'hui deux cent huit. Parmi les documents publiés à la déclaration de guerre, il y en a environ un quart de falsifiés, particulièrement dans les télégrammes échangés entre Sazonov à Saint-Pétersbourg et son ambassadeur Iswolski à Paris. On voulait démontrer que les intentions de l'Allemagne étaient nettement belliqueuses – alors qu'elle voulait localiser le conflit et par suite ne voulait la guerre que conditionnellement – et étouffer tout ce qui aurait pu apparaître comme dénotant, de la part de la France et de la Russie, le désir de faire la guerre ; toutes les nouvelles relatives aux mesures prises en Russie en vue de la guerre étaient adoucies, mais celles concernant les mesures prises par l'Autriche étaient aggravées.

C'est le comte Berchtold qui a menti le plus. Il lui a fallu six mois pour communiquer 69 pièces aux sujets autrichiens dans son Livre rouge ; quatre ans après, la révolution en a publié 382 à titre de « *supplément et complément* » ; ce sont les sources les plus importantes relativement à la question de la responsabilité de la guerre. Des 69 pièces de Berchtold, 9 sont incontrôlables, 12 étaient infalsifiables parce qu'elles étaient connues d'autres puissances, et 10 ont été reproduites correctement ; 38, c'est-à-dire les deux tiers des 57 susceptibles de falsification, ont été falsifiées. En voici quelques-unes.

Dans le n° 6, le ministre autrichien à Belgrade écrit « *que le moment est favorable* (à la guerre), *et que la situation politique intérieure et extérieure offre des prémisses et des occasions favorables – vraisemblablement les dernières à notre époque* », cette phrase nettement provocante manque. L'ultimatum et son commentaire sont antidatés, de deux jours (*cf.* Berlin). Dans les remarques favorables à l'Autriche faites par M. Bienvenu-Martin à Paris (n° 11), il manque cette phrase décisive : « *Celui-ci* (le ministre de la Justice) *n'a naturellement aucune influence sur la conduite de la politique extérieure.* »

Dans le n° 13, il manque la mise en garde du Cabinet de Paris relativement à l'ultimatum en Russie. L'annonce de la mobilisation serbe et celle de la rupture des relations par différents télégrammes (n°ˢ 23 et 24) sont arrangées de telle manière qu'on doit croire que la mobilisation de la Serbie a provoqué la rupture des relations de la part de l'Autriche, alors que ce fut le contraire. Dans le n° 28, télégramme du 26 de Saint-Pétersbourg, on a supprimé la fin, très importante, contenant le témoignage de l'attaché militaire allemand, et ainsi conçue : « *J'ai eu l'impression d'une grande nervosité et d'une grande inquiétude. Je crois qu'on désire sincèrement la paix... Trait principal de l'état d'esprit : on a espoir dans l'Allemagne et dans l'intervention de Sa Majesté.* »

Plusieurs propositions pacifiques de Sazonov, par exemple celle du 27 relative à l'intervention possible du roi d'Italie, c'est-à-dire de l'allié de l'adversaire, sont supprimées dans le n° 31. Quand Berchtold autorise son ambassadeur à Berlin à déclarer « *qu'on n'a en vue aucune conquête de territoire* », il manque (n° 32) ce complément décisif : « *Sans entrer dans un engagement ferme.* » Dans le n° 38, deux passages témoignant des dispositions pacifiques de sir Edward Grey sont supprimés. Dans un télégramme adressé à Berlin (n° 49), le général Conrad von Hötzendorff, dont le nom apparaissait subitement dans l'original, a disparu : c'est que dans ce télégramme du 28, donc antérieur à la mobilisation russe, il demandait « *que l'Autriche-Hongrie, et, étant donné l'ensemble de la situation, l'Allemagne également, prennent d'urgence toutes leurs dispositions* ». Le télégramme accablant du comte Szögyény, en date du 28, est supprimé entièrement parce qu'il y est dit que Berlin repousse la médiation de l'Angleterre et ne la transmet à Vienne que pour la forme. Dans son Livre rouge, Berchtold répond le contraire de ce que démontrent les documents qui furent découverts par la suite.

L'avertissement donné par Bethmann le 28, faisant part de la menace de l'Angleterre (n° 44) est falsifié. Dans le n° 47 il y a huit falsifications. C'est un télégramme de l'ambassadeur d'Autriche à Saint-Pétersbourg ; l'effet néfaste produit sur Sazonov par le bombardement de Belgrade est étouffé ainsi que l'indication que la mobilisation russe, conséquence de ce bombardement, ne dénote pas une intention agressive. Suppression dans le n° 56 des déclarations de Sazonov disant que la mobilisation ne signifiait pas encore la guerre et qu'il se sentait soulagé parce que la conversation était prise au sérieux.

Le 3 août, le gouvernement allemand présentait au Reichstag un mémoire de 30 paragraphes et 7 pièces jointes ; quand, en 1919, la révolution publia les véritables « documents allemands » on vit qu'il y en avait plus de 700 à cette date. Ne tenons pas compte des 7 pièces jointes, et n'examinons que les 30 paragraphes incontestables ; on voit de suite que 7 documents étaient infalsifiables parce que connus des adversaires. Sur les 23 autres documents, susceptibles d'être falsifiés, ils l'ont été par le gouvernement. La plupart d'entre eux ont trait à des points qui chargent l'Allemagne dans sa responsabilité de la guerre ; l'intention de les cacher au peuple est donc évidente.

Exemples : Paragraphe I, la circulaire contre la Serbie est datée du 23 au lieu du 21 juillet pour masquer le fait que le gouvernement allemand se déclarait d'accord, après avoir pris connaissance de l'ultimatum de Vienne et laisser supposer qu'il ne l'avait pas connu plus tôt que les adversaires. Paragraphe 18, télégramme du général prussien de Saint-Pétersbourg, daté du 30 juillet, suppression du passage suivant : «*J'ai l'impression qu'on a mobilisé ici par peur des événements futurs, sans intention agressive, et qu'on est effrayé maintenant de ce que l'on a provoqué.*» Dans le paragraphe II, manque cette phrase finale de l'attaché militaire allemand à Saint-Pétersbourg : «*Je crois que l'on désire sincèrement la paix...*» Paragraphe 24, ultimatum de l'Allemagne à la Russie, suppression de la phrase finale qui avait permis à la Russie de croire que la mobilisation allemande précédait la sienne. Paragraphe 27, réponse de Viviani à l'ultimatum, suppression au passage sur son espoir en une intervention de l'Angleterre et son désir de voir les deux principaux combattants se raviser ; cela afin de donner l'impression que le refus a été brutal et que l'Allemagne ne peut se dispenser de déclarer la guerre.

Manquent d'ailleurs tous les documents compromettants adressés à Vienne ou en provenant ! Avec une adresse remarquable, les diplomates allemands ont ainsi celé jusqu'à la fin de ce fatidique mois de juillet, en fait jusqu'au 1er août, et cela en vue d'induire leur propre peuple en erreur, toutes les fautes de leur gouvernement et presque tous les avertissements donnés par les gouvernements étrangers. Le journaliste et le lecteur allemands ne devaient rien savoir du crime de Berchtold, de la faiblesse de Bethmann, du blanc-seing de Guillaume, des demandes d'intervention de Grey ; on présenta seulement aux sujets le manque de parole du tsar, la perfidie de sir Edward, le refus de Viviani, et il fallait que l'homme de la rue, il fallait que le député libéral ou social-démocrate pussent se dire : «Oui, nous sommes lâchement attaqués ! Levons-nous pour défendre la patrie en danger !» Si le gouvernement impérial allemand avait seulement publié le 3 août une partie des documents décisifs, le 4 les socialistes allemands eussent résolument voté contre les crédits. C'est bien pour cela que le Livre blanc fut falsifié.

*

En Russie, l'autre puissance responsable, avec l'Autriche, d'être allée de l'avant, la résistance des ouvriers, par une sorte de pressentiment, devint violente à la veille de la crise : elle se manifestait depuis des années. Cent cinquante mille hommes se mirent, dit-on, en grève. Dès la mi-juillet, dans les deux capitales, les vivres avaient triplé de valeur ; partout troubles dans les chemins de fer et dans la navigation, fabriques d'armes fermées, voies coupées, télégraphes interrompus. Le ministre de l'Intérieur lui-même, entouré de gens qui poussaient à la guerre, disait encore le 29 : « *La guerre ne sera jamais populaire chez nous au sein des masses.* »

Et cependant, aucun parti n'avait le droit de parler ou de se faire imprimer. C'est ainsi que la mobilisation s'adresse à des ouvriers qui gardent un silence sombre et que ce matin-là ils restent sans mot dire devant les petites affiches rouges, semblables à des tracts de grève, portant l'ordre donné par l'empereur de rejoindre l'armée. Puis arrive un homme qui met une cocarde à leur casquette, les voilà marqués ; les autres s'en vont d'eux-mêmes ou sont chassés de force. Dans les usines ils s'encouragent tout bas à ne pas murmurer ; mais leur instinct leur prédit que la révolution découlera de la guerre.

Ils sont des milliers à hurler vers le ciel : à Vilna on voit des recrues se rouler à terre, refusant d'entrer dans les wagons à bestiaux ; à Kharkov, pendant toute une journée, on n'ose pas habiller les grévistes ;

à Abo, des recrues vendent au plus vite uniformes, souliers et linge et s'enfuient dans leurs habits, si bien qu'on peut se procurer des chaussures militaires pour trente kopecks.

Mais il y a une salle de réunion en Russie, elle n'est pas fermée, à la porte les cosaques ne fouettent pas l'ouvrier qui s'en approche : ils lui rendent les honneurs. C'est la Douma avec ses colonnes ioniennes ; ses froides loges Empire sont remplies de noblesse de Cour, société aux brillants uniformes, et, après les discours célébrant la fidélité à l'empereur et la joie de la guerre, on permet à un homme jeune, au regard d'acier, de monter à la tribune :

« *Nous ne pouvons pas parler comme nous voulons, comme dans les autres pays. Au lieu de l'amnistie, le gouvernement n'accorde au peuple que de lourds impôts. Affermissez votre esprit, ouvriers et paysans, assemblez-vous – et quand vous aurez défendu votre pays, vous le délivrerez !* » C'est Kerenski qui parle ainsi, lui aussi vote les crédits, lui aussi écrit que la Russie a à se défendre, ou du moins il veut le croire. Et malgré cela il pousse à la révolution ! Dans trois ans c'est lui qui sera au pouvoir ; et ceux qui aujourd'hui lui lancent des regards mauvais entre les colonnes ioniennes seront en pourriture ou « se mordront les lèvres sur la terre étrangère ». Après lui, Choustov parle encore plus violemment au nom des socialistes et des cinq bolcheviks ; il refuse les crédits pour la guerre : « *Nos cœurs battent à l'unisson de ceux de nos frères d'Europe. Nous ne pouvons éviter cette guerre des impérialistes, mais nous y mettrons fin. C'est le dernier trait de la barbarie. C'est nous les peuples qui conclurons la paix et non vous, messieurs les diplomates !* »

Nous sommes en Russie – cet homme sombre et vibrant ne craint-il pas de perdre la vie en quittant la tribune et la salle ? Qui empêche les grands-ducs de l'assassiner au-dehors? Entend-on une seule voix de ce genre aux tribunes des pays libres?

Et cependant, quelques jours après, le président de la Douma ment à l'ambassadeur de France : « *La guerre a mis subitement fin à toutes nos dissensions intestines. Dans tous les partis de la Douma on ne pense qu'à se battre contre l'Allemagne. Le peuple russe n'a pas éprouvé un tel élan de patriotisme depuis 1812.* »

*

En Angleterre, où le gouvernement libéral glissait à la guerre plus qu'il n'y marchait, la tâche des socialistes fut plus facile; là, bientôt, cinq sectes s'opposeront à la guerre. C'est au Labour Party que revient la gloire d'avoir rédigé le meilleur manifeste de l'Europe, pas de trompettes, des vérités, pas de phrases, de la raison, un chef-d'œuvre !

« *À bas la guerre ! Ouvriers de Grande-Bretagne ! Vous n'avez pas de querelle avec les ouvriers d'Europe. Ils n'ont pas de querelle avec tous. Les classes dominantes se querellent. Ne faites pas cause commune avec eux. Un million de syndicalistes et de socialistes d'Allemagne ont protesté. Ne les abandonnez pas. Unissez-vous aux ouvriers de France et de Russie et dites aux gouvernements : "Si vous déclarez la guerre, nous déclarons la paix." Le drapeau de l'Internationale flotte au-dessus de tous les drapeaux. Qu'avez-vous à gagner à la guerre? Vingt mille ouvriers ont été tués dans la guerre des Boers. Aujourd'hui encore vous payez chaque année douze millions de livres pour venir en aide à ceux qu'ils ont laissés derrière eux. Mais l'ouvrier sud-africain est plus malheureux que jamais. Seuls les riches propriétaires des mines y ont gagné... Les classes dirigeantes ne veulent pas se battre, elles veulent que vous vous battiez... Aucun gouvernement ne peut faire la guerre si le peuple veut la paix. Dites-le! Défilez dans les rues et dites-le. Allez sur les places et sur les marchés et dites-le, dites-le partout... À bas la guerre!»*

Ils le dirent partout. Ils vinrent dix mille dans l'après-midi du dimanche à Trafalgar Square, ils vinrent avec leurs drapeaux, car personne n'empêcha là l'homme de la rue de dire ce qu'il pensait; et personne n'empêcha la foule de l'écouter. Dans toute l'Europe, seule l'Angleterre n'a pas interdit à ce moment réunions, discours ou journaux. Il pleuvait. La colonne se perdait dans la brume. Nelson en haut avait l'air d'un spectre. C'était ce fantôme du héros de la guerre qu'ils voulaient chasser! Le vieux Keir Hardie monta les degrés et parla. La foule approuve et crie, mais tous restent calmes comme des Anglais.

Quelques centaines de jeunes gens arrivent à Pall Mall, il y a des Français parmi eux, on les reconnaît à leurs cris, les drapeaux des deux pays claquent ensemble sous la pluie, maintenant il y a peut-être six cents personnes. Plusieurs veulent prendre la parole. Les ouvriers s'interposent et les font descendre des marches. Ils applaudissent la résolution de Henderson contre la guerre, tandis que les partisans de la guerre crient devant l'ambassade d'Allemagne : «À bas les Prussiens!» Puis ils défilent devant Buckingham Palace, le roi ne se montre pas à la fenêtre car maintenant ils hurlent *La Marseillaise*.

Une semaine plus tard tout est changé. La plupart des socialistes sont maintenant pour le recrutement de volontaires, les Fabian se joignent bientôt à eux, et même les plus radicaux, les indépendants n'empêchent plus les leurs de soutenir la guerre. Seuls quelques-uns demeurent incorruptibles. «*Nous combattons*, écrit MacDonald avec une franchise sublime, *non pour l'indépendance de la Belgique, nous combattons parce que nous appartenons à la Triple Entente, parce que la politique du ministre des Affaires étrangères est dirigée depuis des années déjà contre l'Allemagne, et parce que cette politique a été secrètement conduite de façon à conclure des alliances destinées au maintien de l'équilibre européen.* »

La raison du revirement, c'était l'invasion de la Belgique : ils se regardaient de nouveau comme les gardiens de l'Europe.

*

Bruxelles dut céder.

Les rues retentissaient encore du défilé de dizaines de milliers d'hommes, le cirque était encore plein de la poussière, des cris et de l'haleine de cette foule ardente au milieu de laquelle Jaurès avait conjuré la paix. Le samedi le « Comité fédéral » convoquait hommes et femmes à se rendre le lundi à une démonstration monstre.

Mais le dimanche tout fut décommandé. En trois jours le sort de la Belgique s'était assombri avec une terrible rapidité. Vandervelde, qui venait de diriger la foule dans le cirque, alla plusieurs fois au ministère, il s'engagea au nom de son grand parti à résister à l'invasion des Allemands et accepta même de faire partie du ministère ; il travaille à l'Hôtel de Ville à la rédaction du manifeste qui sera lancé le lendemain :

« *Les socialistes ne sont pas responsables ! Le malheur est là aujourd'hui, et en pleine fatalité une seule pensée nous domine : notre pays aura peut-être bientôt à se défendre contre l'invasion. Alors nous combattrons, avec d'autant plus de courage que nous aurons à défendre l'existence de notre pays contre la barbarie militaire… Mais, même en cette effroyable situation, vous ne devez pas oublier que nous appartenons à l'Internationale et vous resterez bons et fraternels tant que cela se conciliera avec la défense du territoire. »*

Le lendemain, le journal du parti appelait même ses lecteurs à contracter des engagements volontaires, *« car il vaut mieux mourir pour l'humanité que d'obéir à la loi des Huns et des Vandales »* !

*

À Paris la décision dépendait des masses.

Le parti proallemand était le plus grand, mais il se trouvait encore, comme quarante ans auparavant, en complète hostilité avec le gouvernement, et, décréter la grève générale, cela équivalait à choisir entre la guerre et la guerre civile. La France avait déjà eu de nombreux gouvernements socialistes : Viviani, président du Conseil ; Malvy, jeune ministre de l'Intérieur, bien que devenus des bourgeois, étaient hier encore des socialistes. Il est vrai qu'ils étaient en lutte âpre avec les hommes de *L'Humanité*, mais leurs sphères se mêlaient, ce n'étaient pas des ennemis personnels ; la société, l'armée et la noblesse étaient pleines de chefs radicaux, animées par leurs livres ; leurs cultures se pénètrent, personne n'est légitimé, personne n'est rejeté. Ce fait eut comme conséquence salutaire qu'à Paris, durant ces jours, les chefs des partis demeurèrent en contact étroit et, comme dans les grandes villes le gouffre entre les classes est d'autant plus large qu'elles vivent plus près les unes des autres, seule une entente entre les hommes des partis extrêmes fut impossible : entre Clemenceau et Renaudel, entre la revanche et l'amitié.

Les chefs étaient encore loin de Paris : Poincaré

aperçut enfin les côtes de France et sauta dans son train spécial pour arriver au plus vite à Paris. Il y parvint le jeudi à midi et fut salué à la gare comme un général victorieux par des officiers, des amiraux, des députés, des académiciens, des poètes. Mais au milieu de cette ivresse le regard du président interrogeait celui d'Iswolski et celui de l'ambassadeur d'Angleterre qui lui serrèrent la main silencieusement. La foule était dense autour de la gare du Nord ; fleurs, drapeaux, cris, chants ; et un amiral cria aux exaltés, de sa voiture. : « *Modérez-vous ! Il y a des instants où le silence veut tout dire ! Nous n'avons pas à commander à la Providence, mais j'ai la sensation que le moment venu la France sera prête !* »

La même agitation régnait le lendemain à midi à l'arrivée de Jaurès et d'une centaine d'autres, à la même gare ; il ne revenait pas de chez le tsar, il quittait simplement des peuples qui avaient fraternisé, il était comme Poincaré impatient d'arriver à Paris. Les deux chefs tinrent conseil avec leurs amis et avec leurs ennemis. Jaurès, encore dans l'enivrement de la foule de Bruxelles, encore pénétré de la promesse solennelle de son camarade allemand, avait la veille même écrit un manifeste : « *Le parti socialiste proclame bien haut que la France seule peut disposer de la France, qu'en aucun cas elle ne peut être jetée dans un effroyable conflit par l'interprétation plus ou moins arbitraire de traités secrets et d'engagements occultes, et qu'elle doit garder toute sa liberté d'action pour exercer en Europe une influence pacifique… Si par malheur la Russie n'en tenait pas compte, notre devoir est de dire : "Nous ne connaissons qu'un traité, le traité qui nous lie à la race humaine."* » – Aujourd'hui il est soucieux : que va-t-il se passer ? Ici les plus fidèles eux-mêmes parlent de la possibilité d'une attaque brusquée de l'Allemagne…

Dans six réunions monstres le soir (le 30) la parole est donnée à la masse, à Paris et dans plusieurs villes de province : la grève générale et la paix ! Mais Jaurès écrit son article pour le lendemain, sur un ton plus doux. Celui de ce matin provenait encore de Bruxelles et paraissait plein de confiance.

Dans la soirée, au milieu des dépêches menaçantes de Berlin, de l'effervescence contenue de Paris, il parle pour la première fois d'attaque de l'Allemagne, bien qu'il la dise invraisemblable. Aujourd'hui le danger n'est pas dans les Cabinets, « *il se trouve dans la nervosité générale et dans l'impulsion soudaine résultant de la crainte… C'est pour cela qu'il faut du calme, de la raison ! Tous dimanche à la salle Wagram pour prendre des décisions. Agir d'une façon constante, veiller sur ses pensées c'est là que gît la raison* » ! Son âme est sombre, elle redoute de se soumettre à la contrainte : hier encore elle lançait toute son ironie sur les coupables, elle conseille maintenant aux autres le calme auquel elle se force, et recule devant des résolutions définitives ; il passe sous silence, comme un homme d'État, ce qui ne regarde pas encore la foule.

Le lendemain, en effet, quand l'article paraît, Jaurès discute avec le gouvernement au nom des siens sur la possibilité de sauver la paix. Il semble que cet entretien, qu'on ne peut encore contrôler avec exactitude aujourd'hui, ait eu pour but de trouver une entente.

Pourquoi ?

Il sent, comme ses camarades allemands, que l'ouvrier veut aussi se mettre lui et les siens à l'abri d'une invasion. Mais avant tout Jaurès veut être là, pour avoir les ministres en sa présence, pour les surprendre s'ils mentent au sujet des violations de frontière, parce qu'il s'engage ainsi à crier au gouvernement au moment décisif : « Vous mentez ! Les Allemands ne bougent pas le petit doigt ! Vous voulez simplement soulager le tsar de la moitié de la puissance allemande et vous provoquez les Allemands à cause de l'Alsace ! » Si les camarades allemands, pense-t-il, tentent avec intelligence, menace et ruse d'apprendre ce qu'une Constitution vieillie dérobe à leurs yeux, alors peut-être pourrons-nous encore éviter ce qui semble irrévocable !

Du sang-froid, de la raison ! Il sent qu'aujourd'hui est le jour décisif de sa vie. Il revient vivement du ministère atteint de la maladie de la guerre à la paisible rédaction de *L'Humanité* : que dirons-nous demain matin aux masses ? Comment expliquer cela ? On téléphone de Bruxelles : un camarade allemand est en route pour Paris ! On s'agite, nouvel espoir !

Il est tard quand ils quittent la rédaction pour aller dîner. Ils ne voient pas qu'un jeune homme attend à la porte du journal, mais lui les voit et les suit. Rue Montmartre, Café du Croissant. Ils s'assoient à la même table que d'habitude sur la vieille banquette entre les fenêtres ; il fait chaud, ces fenêtres sont ouvertes, le petit rideau tombe mollement, Jaurès est ému, il attend l'Allemand de demain.

Une main passe par la baie ouverte et écarte le rideau ; personne n'a le temps de la voir, deux détonations, tout le monde se dresse : seul Jaurès reste écroulé sur la banquette près de la fenêtre. On l'étend sur deux tables de marbre, ses mains s'agitent désespérément d'une façon émouvante, du sang coule de sa tête, pendant une minute tout le monde peut voir battre le cerveau de Jaurès. Il est sans connaissance, on lui enveloppe la tête dans des serviettes. Les médecins hochent le front. Un quart d'heure après il est mort. Quand on emporta dans une voiture le cadavre livide, des milliers de gens s'écrasaient déjà clans la rue. Ils sentent inconsciemment qu'il était le *pater patriae*. Beaucoup pleurent. À minuit la nouvelle agitait toutes les rues de Paris.

Villain, l'assassin, presque lynché, jeune étudiant blond et calme, que ni ses traits ni ses manières, pas plus que ses paroles ou son genre de vie ne faisaient prendre pour un fanatique, l'aspect d'un fonctionnaire, fils d'un greffier, déclare : «*J'ai voulu tuer l'adversaire de la loi de trois ans ! Il avait fait trop de tort à la France : je voulais déjà tirer à la porte de son journal, mais j'aurais pu le manquer.*» Peut-être n'at-il pas supporté le calme regard de ce noble front ? Un rideau qui lui cachait l'ennemi de la patrie lui a donné du courage.

«*Citoyens ! Un abominable attentat vient d'être commis. M. Jaurès, le grand orateur qui illustrait la tribune française, a été lâchement assassiné. Je me découvre personnellement et au nom de mes collègues devant la tombe si tôt ouverte du républicain socialiste qui a lutté pour de si nobles causes et qui en ces jours difficiles a dans l'intérêt de la paix soutenu de son autorité l'action patriotique du gouvernement.*» Voilà ce qu'on lit le lendemain à tous les coins de rue de Paris. Est-ce un appel du parti ? C'est le gouvernement lui-même, Viviani en tête. On se souvient que le mort, il n'y a pas longtemps, a trouvé pour la patrie les mots suivants : «*La nation est le trésor du génie humain et du progrès, et le prolétariat aurait tort de briser ce précieux vase de la civilisation.*»

Poincaré, que cette balle fait vraisemblablement respirer avec soulagement, envoie ses condoléances émues à la veuve. La presse adverse écrit : «*Homme politique criminel,... très doué ;... il parlait presque toujours contre la France. Mais maintenant, dans la crise présente, il paraissait changer. »*

Pressentent-ils trop tôt l'aurore ? Il est mort dans la dernière soirée de juillet : une nuit le séparait de ce 1ᵉʳ août qui décida du sort de l'Europe, et une demi-journée de l'arrivée de l'Allemand. Peut-être tout dépendait-il de cet entretien qui devait avoir lieu le lendemain, au cours duquel deux minorités voulaient se fortifier mutuellement pour devenir la majorité. Maintenant ou jamais tout dépendait de la force de génie d'une personnalité capable d'inspirer du courage à ses amis épouvantés, et de l'épouvante à ses ennemis pleins de courage, d'un homme comme celui-ci dont la mort fut déplorée même par un gouvernement qui lui était hostile : Antoine sur le Forum de Paris.

Cet assassinat eut lieu cinq semaines après celui du Habsbourg par le Serbe. Deux jeunes nationalistes ont par conviction frappé à la tête les chefs qu'ils tenaient pour des ennemis de leur patrie.

Mais les pensées et les illusions en eux présentaient autant de différences que leurs noms : Princip et Villain, les principes et la laideur. Princeps et Villanus : le prince et le valet. Délivrer des millions de Slaves des chaînes qui les entravent depuis des siècles : un grand but. Il était plus discutable de recommencer la guerre avec l'Allemagne à cause de l'Alsace et de la Lorraine, pays de race mixte et que quarante millions d'hommes d'un côté et soixante millions de l'autre se disputassent, pour qu'à la fin un fragment d'un million et demi d'hommes passe d'un côté à l'autre : était-ce « vraiment très digne d'intérêt » ?

Le premier coup de feu déchaîna le destin, le second fit tomber le dernier obstacle. Mais Princip est devenu un héros national, tandis que sa victime est oubliée. Villain est oublié, mais la force vive de sa victime agit de façon de plus en plus nette, et des millions d'êtres de tous les pays ont fait de son image le symbole de la liberté.

Le lendemain, pendant que l'Allemagne déclare la guerre à Saint-Pétersbourg, tandis que quatre pays marchent à la rencontre les uns des autres, les camarades de Jaurès non enseveli et un Belge, se retrouvent avec l'Allemand à la salle du parti au Palais-Bourbon, dans les couloirs duquel la haine à l'égard des Allemands est allumée : six amis des classes inférieures, appartenant à trois pays ennemis, tiennent conseil pour ralentir la marche des armées de millions d'hommes lancées par les empereurs et les chefs d'État. Actifs et pleins de bonne volonté, mais perplexes et déjà désespérés : aussi aucune étincelle ne jaillit-elle de leurs âmes. Ils plient devant les circonstances qu'ils voudraient diriger, ils renoncent à la grève générale et ne discutent plus que la question des crédits. Le motif ? Les mensonges de leurs gouvernements, qu'ils doivent croire.

L'Allemand assure qu'à Berlin on n'hésite qu'entre le refus et l'abstention. Les Français déclarent qu'en cas d'attaque de l'Allemagne, il n'est pas un Français qui puisse refuser l'argent nécessaire au salut. On cherche à s'entendre pour s'abstenir à la fois à Berlin et à Paris, en vain, «*principalement parce que le télégraphe ne fonctionne plus*». Ce motif, réel mais tragi-comique, laisse toute liberté aux deux partis, et l'Allemand quitte Paris.

Dans de grandes réunions, les chefs de parti justifient leur attitude nationale d'après les efforts faits par leur gouvernement pour le maintien de la paix. En qualité de révolutionnaires, ils s'écrient comme leurs pères de 1793 : «Paix aux chaumières, guerre aux châteaux !»; mais en qualité de Français ils terminent leurs discours aux cris de «*Pour la patrie !*

Pour la république!» Tous vont s'armer bien vite pour protéger la France contre l'Allemagne; leur état d'esprit est le même que celui de leurs frères allemands qui croient protéger leur pays contre la Russie. Non, ils ne trompent personne, ce sont eux qui sont trompés. Car, de même que le paysan russe n'avait pas de haine à l'égard de l'Allemagne, de même le bourgeois allemand ou l'ouvrier allemand ne pouvait avoir de haine pour la France. Ici et là c'est une poignée d'hommes qui a conduit la nation à la folie comme s'il y avait à l'Occident quelque chose à haïr ou à conquérir.

*

C'est un Roumain qui à cette époque a nettement dépeint la contrainte que les masses eurent à subir: Serbes, Belges et Français sont en état de légitime défense, écrivait-il, ils doivent défendre leur pays, mais il ne reste à tous les autres après la déclaration de guerre rien d'autre qu'à *«être soldat, partir à la guerre le cœur déchiré, la malédiction de la guerre à la bouche et en jurant de combattre la guerre dès la paix. Les gouvernements ont encore la force de nous obliger d'une façon tragique à tirer sur nos frères».*

CHAPITRE XI

L'avalanche

L'incendie est allumé. Pas de flamme encore : même à la dernière minute les Cabinets ne s'abandonnent pas ouvertement à ce jeu de crainte et de haine qu'ils ont provoqué dans leurs peuples. Jagow n'était pas sentimental ; ayant mis de côté tous les mensonges, il dit à Goschen, l'ambassadeur d'Angleterre, qui, après le dernier refus de l'Allemagne, demande ses passeports le 4 août : « *Il nous faut entrer en France par la voie la plus rapide et la plus commode… La rapidité dans l'action est le grand atout des Allemands, tandis que celui des Russes est d'avoir une réserve inépuisable de troupes.* »

Avec Jules Cambon l'entretien roula platoniquement sur les horreurs de la guerre qu'eux deux ne connaîtront pas personnellement. Le Français dit :

« *Quand une génération disparaît pour faire place à une nouvelle, qui ne connaît pas les horreurs de la guerre et est d'humeur belliqueuse, ce qui se produit tous les quarante ans à peu près, l'humanité est affligée d'une guerre. Ainsi va le monde.* » C'est avec le même cynisme que, dans les vieilles pièces de salon, le séducteur avait coutume de dire à la jeune fille en pleurs : « C'est la vie ! »

Le chancelier allemand, le même soir, est moins

franc avec l'ambassadeur d'Angleterre : on a rarement menti des deux côtés autant que dans ces heures historiques. Bethmann qui voulait à tout prix éviter la guerre et s'aperçut trop tard que sa faiblesse lui avait tendu un piège, dit, comme moralement indigné : « *Cela équivaut à tomber par-derrière sur un homme qui défend sa vie contre deux autres agresseurs !* »

Goschen : « *Nous allons dans un combat de vie et de mort pour notre honneur, que nous avons solennellement engagé dans la neutralité de la Belgique.* »

Bethmann : « *À quel prix ! À cause d'un mot seulement : neutralité, chose qui a été si souvent violée pendant des guerres, et c'est à cause d'un chiffon de papier que l'Angleterre va combattre contre une nation qui est sa parente et qui ne lui demandait rien d'autre que de l'amitié ! Toute ma politique s'effondre !* »

Ce « *chiffon de papier* » était dans son cynisme plus franc que la phrase de l'Anglais sur son honneur. Pour ne pas parler ouvertement des intérêts de l'Angleterre en Belgique, Goschen devient maintenant lyrique : « *C'est le dramatique climax de cette tragédie,* dit-il. *Les nations se trouvent violemment séparées, et cela précisément au moment où leurs relations sont plus amicales et plus cordiales qu'elles ne l'ont été depuis des années.* » C'est seulement en partant que, symbolisant ainsi la rupture des deux nations, il prononce les paroles qui suivent, montrant bien que tout cela n'est qu'une guerre de Cabinets : « *Malgré nos efforts pour maintenir la paix entre l'Autriche et la Russie, la guerre s'est propagée et nous a mis malheureusement dans une situation que... nous ne pouvons plus éviter... Cela nous met subitement dans la nécessité de nous séparer de ceux avec qui nous avons collaboré jusqu'à présent. Personne ne le regrette autant que moi.* »

C'est avec ces formules générales de regret couvrant le manque de motifs véritables que le Français et l'Anglais quittèrent Berlin.

*

Le comte Berchtold qui avait commencé le jeu n'était aucunement enclin maintenant à le poursuivre jusqu'au bout. Quand il vit que tout était fini entre Berlin et Saint-Pétersbourg, il lui parut que l'occasion s'offrait de nouveau à lui de choisir entre les deux Cabinets : dans cette alternative, l'élève de Metternich n'hésita pas à se décider pour les Russes ! Le dernier jour de juillet, au moment où la rupture russo-allemande provoquée par Berchtold devint effective, à la même heure le comte de Vienne faisait pour la première fois de nouveaux sourires du côté de la Neva et entamait tout à coup *« la conversation »* : ces mêmes négociations que Grey, pendant toute une semaine, avait vainement cherché à réaliser. Berlin reconnut alors le danger. *« Nous avons oublié,* écrivit Tirpitz, *de demander à l'Autriche si elle voulait combattre avec nous contre la Russie. Moltke m'a dit à ma grande épouvante que si les Autrichiens reculaient nous serions contraints de faire la paix à tout prix. »*

L'ennemi n'en est que plus heureux de ce revirement dans le camp des Nibelungen : au dernier moment on espère encore détacher Vienne de Berlin. Le dernier jour, alors que Russes et Allemands échangent déjà des coups de fusil, Berchtold, devenu soudain d'humeur pacifique, entretient l'ambassadeur russe *« de façon amicale »* au sujet de la Russie. Celui-ci se plaint auprès de lui des intentions belliqueuses de l'Allemagne et le quitte en lui disant de façon émouvante : *« En fait, il n'y a entre nous qu'un grand malentendu. »* Berchtold, comme il le rapporte lui-même, ne trouve pas un mot en faveur de l'Allemagne, qu'il a entraînée dans la guerre, pas plus auprès de l'ambassadeur de Russie que plus tard auprès de l'ambassadeur de France, à qui il permit plutôt de se plaindre de l'empereur Guillaume.

En attendant, les dépêches de Berlin pleuvent à Vienne, exigeant, avec raison maintenant, d'une façon énergique cette guerre que les autres ont imaginée. Et la déclaration de guerre de l'Autriche à la Russie est rédigée d'une façon officiellement grotesque et embrouillée, comme pour donner l'impression que Vienne est contrainte de faire la guerre par Berlin.

Mais pourquoi rompre avec la France ? Pourquoi rompre avec l'Angleterre si longtemps unie... par la culture et les affaires à Vienne ? Des milliers d'Allemands gisent déjà sur les champs de bataille, morts pour l'honneur du Habsbourg assassiné : mais le comte Berchtold continue à recevoir chaque jour les ennemis de son allié. Dommage que les Français prennent leur politique tellement au sérieux : ils veulent à tout prix une rupture avec Vienne, bien que Vienne ne trouve aucun motif ! Une semaine après le début de la guerre avec l'Allemagne, le Français demande à Vienne si l'Autriche a envoyé des troupes en Alsace. Berchtold nie avec indignation. Comment peut-on lui attribuer une pareille conduite ! Mais les Allemands, qui ont toute raison de s'inquiéter à ce sujet – leurs alliés vont-ils enfin participer à la guerre occidentale ? – font croire en pays neutre que presque partout ils combattent « *coude à coude* » avec l'Autriche. Et le vieux M. Dumaine devient de plus en plus pressant à Vienne : il pose de nouveau sa question, se tranquillise à nouveau, jusqu'au moment où il constate d'un ton bref que des troupes autrichiennes sont parties pour l'ouest et il réclame ses passeports. On est navré à la Ballplatz. Seul, le bourgmestre de Vienne songe : si ces Français sont décidés à tirer sur nous, je leur montrerai ce que je suis, et le soir même il proclame du balcon de l'Hôtel de Ville : « *La révolution à Paris ! Le Président a été assassiné !* »

Pendant ce temps, l'ambassadeur d'Angleterre aussi reste tranquillement à Vienne, comme celui d'Autriche à Londres. Quand le prince Lichnowsky quitte Londres, l'ambassadeur de son allié l'accompagne à la gare et lui dit avec satisfaction qu'en ce qui le concerne il pense rester. Il demeure encore réellement neuf jours, n'a pas la possibilité de télégraphier en faisant usage du chiffre, mais confère à plusieurs reprises avec Grey sur les moyens de conclure une entente séparée :

« *Ne vaudrait-il pas mieux éviter toute hostilité entre nous ?* demande le comte Mensdorff. *Ne serait-il pas souhaitable que deux puissances, une de chaque groupe, demeurent en contact ?* » Mais la presse l'invite à partir enfin, et Grey, l'ennemi, lui dit : « *J'espère que vous ne vous considérez pas comme offensé.* »

Lord Roseberry va le voir à l'ambassade, il se plaint auprès de cet Autrichien de l'allié russe et prédit que l'Angleterre dans ce jeu va aider le tsar à établir sa domination sur le monde. En même temps, le comte Berchtold reçoit une prière instante de Berlin : les navires de guerre allemands ont besoin de l'aide de l'Autriche en Méditerranée contre la flotte anglaise. Cet allié distingué cherche encore une fois à se dérober, sur quoi Berlin envoie cet ultimatum : « *La guerre doit être déclarée à l'Angleterre dans les cinq jours, au plus tard le 12 août.* »

Quelle énergie désagréable ont ces Prussiens ! songe Berchtold qui pense toujours à trouver un dérivatif. Mais le 12 arrive et ce sont les Anglais, qui avec la courtoisie ordinaire font cesser le doute de ces messieurs de Vienne : ils renvoient le comte Mensdorff dans son pays.

Le lendemain matin – c'est le 13 août, et l'Allemagne, qui est partie en guerre comme secondant de l'Autriche, combat depuis deux semaines et subit d'effroyables pertes –, l'ambassadeur d'Angleterre se présente chez Berchtold, qui, «*avec l'amabilité qui ne l'abandonne jamais, se plaint de la destinée*» séparant leurs peuples liés d'amitié et les envoyant sur le champ de bataille dans des camps ennemis. Quand rien d'autre ne leur vient à l'esprit, les diplomates aiment à invoquer le destin.

Bunsen «*d'une voix agitée*» : «*Nous non plus, même en cherchant bien loin, ne voyons aucun motif de conflit. Votre Excellence me permet-elle de la prier d'exprimer ma profonde reconnaissance à Sa Majesté pour toute la bienveillance qu'elle m'a montrée au cours des huit derniers mois, et de l'assurer du profond respect de Sa Majesté le roi, qui regarde Sa Majesté avec une grande vénération et exprime l'espoir que cet état de guerre profondément regrettable entre l'Angleterre et la Monarchie ne sera pas de longue durée.*»

Berchtold : «*Je suis profondément attristé à la pensée que nous nous trouvons en conflit avec l'Angleterre, alors que les deux pays ont tellement de raisons politiques et morales de se rapprocher, tant à cause de leur sympathie réciproque qu'à cause de leurs intérêts communs. Permettez-moi d'espérer comme vous que cet état de guerre profondément déplorable ne durera pas longtemps et que les relations normales pourront rapidement être rétablies.*»

Le lendemain, les matelots autrichiens et anglais se bombardent mutuellement à mort en Méditerranée, sous les pavillons de leurs souverains, qui s'admirent mutuellement. Des millions d'hommes sont de ce jour contraints par leurs dirigeants de se haïr, et la plupart d'entre eux croient même se haïr : pendant des dizaines d'années cette haine imaginée par des gens criminels se retrouvera chez les enfants de ces combattants. Pendant quatre longues années, on emprisonnera comme traîtres tous ceux qui écriront à leurs fils ou à leurs pères dans le camp ennemi. Mais les empereurs et les rois par la grâce de Dieu se font dire par ceux qui les servent combien profondément ils regrettent l'incident et s'adressent mutuellement leurs vœux.

Au temps des chevaliers, les rois marchaient à la tête de leurs armées de mercenaires et vidaient leur querelle dans un tournoi ; aujourd'hui, ils contraignent leurs paisibles sujets, d'abord à se haïr, ensuite à se tapir dans des tranchées, mais ils déclarent qu'il est « chevaleresque » de ne pas bombarder leurs GQG, c'est-à-dire que parmi des millions d'hommes ils n'épargnent que leurs semblables et qu'ils sont à même d'espérer reprendre bien vite les relations normales qu'ils ont volontairement troublées.

Deux semaines plus tard, Bruxelles étant déjà administrée par les Allemands, l'Autriche n'eut malheureusement plus qu'une ressource : faire elle aussi le dernier pas et déclarer enfin la guerre à la Belgique.

Au cours des derniers entretiens, d'après les rapports officiels on pleura cinq fois : le roi Carol de Roumanie versa en présence du comte Czernin des larmes sincères de souverain noble et juste attaqué à l'improviste. Pachitch versa des larmes de joie compréhensibles en présence du chargé d'affaires russe, à Nisch. Goschen pleura à son départ devant Bethmann. Sazonov et Pourtalès se reprochèrent mutuellement leurs larmes. Comme ces larmes ne figurent que dans les rapports des adversaires, on peut en conclure qu'il n'est pas regardé comme convenables parmi les diplomates de pleurer sur le malheur des nations vis-à-vis desquelles on est responsable ; il est plus noble de laisser pleurer les citoyens. Mais cela ne figure pas au Livre de l'Histoire.

*

Du haut de leur grandeur, rois et ministres ont laissé une pierre s'échapper de leurs mains mal assurées, cette pierre roule déjà, elle grossit en chemin avec une rapidité vertigineuse : en bas c'est une avalanche. Pendant les premiers jours, tous les gouvernements se chauffent au soleil d'une victoire dont les rayons n'atteindront aucun d'entre eux. Les masses sont gagnées. Déjà ceux qui furent trompés ont confiance et poussent des cris de haine dans toutes les capitales d'Europe.

À Vienne, l'enthousiasme croissait avec la cadence des valses. On formait des parades de gala où les masses étaient tenues en ordre par les pompiers ; des chœurs entonnaient la marche du prince Eugène le long du Ring, jusqu'à l'Hôtel de Ville au balcon duquel des dames en élégantes toilettes d'été agitaient des mouchoirs : tout était beau, plein de gaieté, bien organisé. Le point de concentration manquait : l'empereur vivait, en effet, à Schönbrunn, n'était plus qu'un mythe, on ne le voyait presque jamais, personne ne connaissait le nouveau prince héritier, depuis des années les ministres restaient invisibles, cachés dans des nuages. Le peuple devait donc célébrer cette grande fête comme il l'entendait. Dès le 5 août, les deux empereurs alliés furent mis à la scène dans des tableaux vivants. Vienne, la ville de la musique, fêta le commencement de la guerre dans les restaurants d'été au milieu de ses chansons, comme une saison de festivals.

À Berlin, les pressentiments lourds de fatalité, bien qu'ils désirassent se faire entendre, furent étouffés dans la rumeur générale. Le nationalisme promena les magnifiques faisceaux lumineux de ses projecteurs sur le sérieux des masses. Par suite de son éducation militaire, chacun prit une allure martiale qui « *fit battre le cœur de tout Prussien* ». Dans l'après-midi du 1er août, de gros camions automobiles gris traversèrent Unter den Linden, des jeunes gens en tenue de travail, ternes et sales, lançaient dans la rue des paquets entiers des éditions spéciales des journaux, et tous les gens poussèrent des cris d'allégresse comme si c'étaient des messagers de victoire ; les ballots de papier, encore humides, passèrent de main en main. Le soir des dizaines de milliers d'hommes se rendirent au château, voulant voir l'empereur. Il parla du balcon : « *Pour moi il n'y a plus de partis, il n'y a plus que des Allemands !* » Pensée magnifique, paroles ailées, douées encore d'une telle force que la foule y crut. Le château constituait pour les Berlinois ce point de concentration qui manquait aux Viennois. Les princes parcoururent les rues en automobile ; Bethmann-Hollweg, le chancelier, osa faire allusion à Bismarck dans un discours. Tout le monde souriait. Tout cela paraissait la fête d'une victoire. Seul, le Kaiser conserva un visage sérieux en traversant les rues.

Berlin était sous la domination des généraux. Quand Szögyény tenta à la dernière minute de protester contre l'invasion de la Belgique, le ministre des Affaires étrangères lui fit cette réponse classiquement prussienne : « *La parole est maintenant aux militaires, personne n'a plus rien à dire.* » Moltke dictait au ministère des Affaires étrangères les

dépêches politiques, comme elles lui étaient suggé-
rées par ses propres subalternes. Ce n'étaient plus
les hommes d'État qui décidaient leur envoi mais
l'opinion d'un colonel quelconque devenait la haute
voix souveraine du Reich. Par ordre de l'état-major :
« *Nous ne voulons nullement nous emparer de la
Belgique sous un prétexte frivole. Pour l'Allemagne
il ne s'agit pas seulement dans cette guerre de son
existence en tant qu'État, il s'agit aussi de préserver et
de sauver la culture et les mœurs germaniques en présence de la barbarie slave.* » Une note de ce genre
devait être adressée à Londres en langage clair, « *car
cela ne pourra pas nous porter préjudice que cette
note non chiffrée soit connue autre part* ». Avec
quelques modifications, cette note fut, en effet,
envoyée à Londres en langage clair et en anglais, et
elle porta préjudice à l'empire car, pour la première
fois, cet orgueil gouvernemental fut révélé au
monde hostile et fut considéré comme étant la façon
de penser de la nation, qui dans son ensemble était
aussi pacifique que ses voisins.

Le lendemain, les illusions de l'état-major embras-
saient déjà la terre entière ; Moltke disait à Bethmann : « *La révolte est préparée en Pologne... Nos
troupes sont déjà accueillies presque en amies...
L'Amérique est favorable à l'Allemagne. On est
indigné là-bas de la manière honteuse dont on nous
a traités... Provoquer l'insurrection en Égypte, aux
Indes et au Caucase est de la plus haute importance.
Grâce au traité avec la Turquie, le ministère des
Affaires étrangères sera... à même d'exciter le fana-
tisme de l'Islam.* » Non, ce n'est pas là une parodie :
c'est un document. Le secrétaire d'État des Affaires
étrangères avait même télégraphié la « *parole maho-
métane* » à Constantinople : « *La révolution dans le
Caucase est souhaitable.* »

Jagow ne disparut pas seulement d'une façon

symbolique sous les uniformes des militaires. On se réunissait en groupes brillants dans la salle Blanche du château, non autour du trône somptueusement solitaire entre les grandes fenêtres, mais à une distance convenable. Au milieu de ces uniformes gris, le secrétaire d'État allemand dirigeait ses pas indécis de groupe en groupe, ses minces épaules courbées, écoutant, inclinant la tête, cherchant véritablement à se renseigner partout alors qu'il aurait dû être au centre de toutes les questions. L'esprit de Bismarck ne se trouvait nulle part, et ce n'est que beaucoup plus tard qu'on put comprendre les paroles du sensé Ballin : « *Il n'était pas nécessaire d'être un Bismarck pour prévenir cette guerre, la plus bête de toutes.* » L'empereur lançait son anathème à l'univers coupable : « *Le monde en a été témoin, nous sommes restés infatigablement au premier rang, au milieu du chaos de ces dernières années, pour éviter aux peuples d'Europe une guerre entre grandes puissances… En état de légitime défense, la conscience pure et les mains pures nous saisissons notre épée.* » Il avait certainement oublié depuis longtemps que le 5 juillet il avait promis aux Autrichiens une aide sans réserve dans leur aventure. Il se sentait certainement dans son droit et c'est de bonne foi qu'il s'adressait ainsi à l'univers. Tel était, en effet, son caractère.

Deux heures plus tard, dans l'après-midi, le chancelier exposait au Reichstag l'origine du conflit, en omettant toutefois les facteurs déterminants. Il crut venir plus facilement à bout de l'affaire belge en se montrant sincère. Au sujet de cette traversée de la Belgique sur laquelle étaient basés les plans allemands depuis vingt ans, Bethmann dit : « *Nous sommes maintenant en état de légitime défense, et nécessité fait loi… La France pouvait attendre !… Le tort que nous allons causer en agissant ainsi, nous nous efforcerons de le réparer dès que nous aurons* atteint le but militaire cherché. Celui qui comme nous est menacé et combat pour ce qu'il y a de plus sacré ne doit songer qu'aux moyens de s'en tirer.* » C'était bien le ton qu'il fallait prendre : un tonnerre d'applaudissements retentit au Reichstag. L'Allemagne tout entière accepta ce dogme nouveau, les professeurs de Droit et l'Église le firent leur ; le professeur Kohler, en sa qualité de juriste, démontra pourquoi nécessité fait loi et le pasteur Traub écrivit : « *En convenant de nos torts le chancelier en a fait des droits.* » Seuls, les éléments radicaux de la Chambre frissonnèrent, ils sentaient que cette pensée allait diviser le monde en deux camps. D'une voix glacée, comme un condamné, Haase, chef des socialistes allemands, déclara qu'il votait pour les crédits au nom de quatre millions d'ouvriers allemands. Chaque phrase de son discours condamnait la guerre, pour laquelle il accordait de l'argent :

« ... *intimement d'accord avec nos frères français. Nous songeons maintenant aux mères qui doivent donner leurs fils, aux femmes, aux enfants... Nos sentiments sont ceux de l'Internationale qui de tout temps a reconnu à chaque peuple le droit à son indépendance nationale, et nous condamnons toute guerre de conquête. Nous demandons que la guerre soit arrêtée aussitôt que notre sécurité sera assurée et dès que l'adversaire sera disposé à faire la paix* ».

À droite, les Junkers envoient au diable ces rouges ; ne peuvent-ils pas même en ce jour renoncer à leurs phrases ! Mais que se passe-t-il ? Un homme au visage sérieux se précipite à la tribune, bien qu'aucun nouvel orateur n'ait été prévu. C'est Carl Liebknecht. De même que son père a vaillamment combattu à cette place pendant des dizaines d'années, avec le courage du prophète solitaire qui obéit à une voix intérieure, il ose se dresser : seul contre soixante millions ! Mais le président agite sa longue barbe grise et refuse de donner la parole à cet homme dangereux. Tous les partis sont d'accord, Liebknecht s'incline et vote lui aussi les cinq milliards. Lors des votes des crédits suivants il y aura bientôt six, et ensuite trente-deux voix contre.

*

Au moment même où Bethmann et le Kaiser prenaient, devant Dieu et l'Histoire, la défense de l'Allemagne comme d'une nation attaquée, Viviani, président du Conseil des ministres de France, lisait à quatre cents députés au Palais-Bourbon le message suivant du Président : « *La France vient d'être l'objet d'une agression brutale et préméditée. Avant qu'une déclaration de guerre nous eût encore été adressée… notre territoire a été violé… Dans la guerre qui s'engage la France aura pour elle le droit dont les peuples, pas plus que les individus, ne sauraient impunément méconnaître l'éternelle puissance morale.* »

Un homme dans cette Chambre se sent plus atteint que les autres. Les applaudissements le laissent froid, son émotion est trop profonde. C'est le Russe à tête de pacha. C'est l'homme qui a dit à cette époque : « *C'est ma guerre !* » C'est Iswolski, l'ambassadeur de Russie à Paris. Il a appelé cette journée « *le plus beau jour de ma vie* » et a dit à l'ambassadeur d'Espagne : « *Quatre ans à mon poste m'ont suffi pour atteindre mon but.* »

Mais il n'y a qu'en Russie qu'on sait présenter « dignement » de tels moments. L'avant-veille dans l'après-midi, à la même heure, de resplendissantes voitures ont traversé la Neva, puis franchi les portails du palais d'Hiver : cinq mille personnes, l'élite du pays, remplirent la galerie Saint-Georges comme pour une fête brillante, mais tout le monde gardait le silence. Les dames étaient en toilettes de Cour magnifiques, constellées de joyaux. La Cour s'approcha sans bruit de l'autel, au milieu de la salle ; la belle tsarine était là, les lèvres tremblantes, les yeux baissés, mais portant fièrement la tête haute. Le tsar lui-même a l'air d'un symbole. Les prêtres chantent longuement leurs prières liturgiques en mineur. Le tsar prie en silence.

Puis le vieux Goremikine donne lecture du manifeste, exactement comme à Berlin et à Paris : « *Nous sommes attaqués.* » Et Dieu est de nouveau pris à témoin. Puis le tsar se lève et, posant la main sur les Écritures, il commence lentement : « *Officiers de ma Garde ici présents, je salue en vous toute mon armée et je la bénis ! Solennellement, je jure que je ne conclurai pas la paix, tant qu'il y aura un seul ennemi sur le sol de la patrie.* » C'est ainsi que s'exprimait il y a cent ans l'ancêtre de ce Romanov. Et maintenant le tsar embrasse l'ambassadeur de France. On entend des acclamations au-dehors, dans la rue. Le tsar monte sur le balcon.

Ils sont des centaines de milliers sur les deux rives du fleuve, avec des emblèmes sacrés, des drapeaux, des portraits du tsar. À ce moment ils le tiennent pour une divinité, et cent mille hommes tombent à genoux. Oui, il est bien le dernier empereur du monde, car ces gens se jettent encore sur le sol en sa présence comme il y a mille ans. Lui seul semble planer au-dessus de la foule, semble être le véritable maître des âmes et des corps de millions d'êtres, par la grâce de Dieu.

Et cependant, c'était la même foule qui, sous la conduite d'un prêtre, s'était approchée de la même place neuf ans auparavant, pour demander des libertés au Petit Père le tsar. Des cosaques se sont alors lancés sur la foule avec leurs sabres courbes et leurs petits fusils, ils ont chargé, ils ont tué ceux qui ne se sont pas enfuis. Aujourd'hui encore il y a des rebelles parmi ceux qui sont à genoux. Ils chantent l'hymne du tsar, mais ils sentent que c'est pour la dernière fois. Et alors qu'ils croient encore à demi à sa divinité, ils roulent déjà des plans de vengeance dans leurs têtes. Dès cette époque, Lénine écrivait dans son exil que l'Allemagne n'était pas plus coupable de cette guerre que ses ennemis !

C'est à Londres que les choses se passèrent de la façon la plus surprenante. Pendant des jours, on ne vit pas un visage heureux dans les rues ou sur les routes : on ne remarquait ni colère ni haine ; des regards perplexes se portaient sur les affiches vert et rouge qui prolongeaient le Bank Holiday à quatre jours. La guerre ! Des milliers de visages, pâles et épouvantés se montraient autour de la Bourse ; l'incroyable était arrivé : pour la première fois depuis des dizaines d'années, la Bourse de Londres restait fermée. À Londres, l'homme du peuple était moins préparé et par cela même plus effrayé que n'importe où sur le Continent.

Le 4 août, revirement subit : à la déclaration de guerre, tous parurent saisis d'une même pensée. La guerre civile en Irlande prit fin du jour au lendemain. C'est en vain que les groupes socialistes rédigèrent encore des manifestes et des appels. En l'espace de deux jours, un million d'affiches proclamèrent cent actes de violence des Allemands, inventés. Les suffragettes s'orientèrent immédiatement avec le vent. Des commerçants allemands, bien vus hier encore, furent calomniés et brutalisés.

Le monument de Nelson se dressait dans un ciel d'un beau bleu. Il y a quelques jours les ouvriers s'étaient réunis là pour faire une démonstration en faveur de la paix. Quels sont ceux qui s'agitent aujourd'hui, autour de cette colonne que gardent quatre lions qui semblent vouloir effrayer la foule et la faire fuir ? Au cours de la chaude nuit des groupes d'enfants viennent des faubourgs, puis une multitude de citoyens en colonnes qui se rendent de là à White-Hall et au Parlement en criant : « À bas le Kaiser et les Allemands ! » De faux rapports sur des événements qui ne se sont jamais passés nulle part sont propagés par les éditions de journaux de toutes les heures et courent de bouche en bouche. *Rule Britannia* s'élève en grondant jusqu'aux étoiles, ces mêmes étoiles vers lesquelles à la même heure montent le *Deutschland, Deutschland über alles, La liberté ! La France !*, *Dieu protège le tsar !* et *Dieu nous garde, Dieu nous protège*. Dans les capitales d'Europe, à la même heure montent vers le ciel les chants populaires à l'aide desquels des cœurs exaltés voudraient s'assurer le concours de Dieu, de la justice et des canons.

La foule est de plus en plus compacte autour de la colonne de Nelson ; des drapeaux flottent, mais il n'en est que de deux sortes, car il est actuellement impossible de trouver un seul drapeau russe dans toute l'Angleterre et l'ambassade a besoin des siens. Des hommes grimpent maintenant sur les lions de pierre, on leur passe des chopes de bière, et on porte un nombre infini de toasts à l'Angleterre et à la victoire, pendant que les harmonicas et les cornemuses gémissent dans le mode mineur.

Une voiture arrive avec des femmes. Elles descendent. Les hommes du monument les attirent à eux. Ce sont des femmes légères, françaises d'origine. Et elles se mettent à danser le cancan au son des accordéons. C'est la danse nuptiale de l'Entente : Vive la France ! Vive le pays contre lequel on s'est battu pendant des siècles ! Des dames en toilettes élégantes sortent des clubs et des théâtres avec leurs cavaliers ; on arrête toutes les voitures, cabs, autos, équipages. Les dames se lèvent, les messieurs descendent et fraternisent avec la foule. Les gorges blanches se détachent sur les voitures, étincelantes de bijoux, des bras nus applaudissent les cocottes qui exécutent une danse grossière au pied du héros anglais. Tel est l'aspect grotesque en vérité de l'alliance des classes, de cette fusion qui fera divaguer tout le monde en Europe pendant quelques semaines.

*

Telle fut l'Europe le 4 août. Le mensonge et la légèreté, la passion et la crainte, de trente diplomates, princes et généraux, ont transformé pour quatre ans, par raison d'État, des millions d'êtres paisibles en assassins, brigands et incendiaires, pour à la fin ramener sur la terre barbarie, dégénérescence et misère. Aucun peuple n'a réalisé un bénéfice durable. Tous ont perdu plus qu'il n'est possible de rétablir en des dizaines d'années. Un continent étranger est devenu créditeur du nôtre. Haine et exaspération ont saisi les peuples qui auparavant rivalisaient en paix.

Les coupables de tout cela sont restés libres et impunis. Seul Soukhomlinov a subi un châtiment, la prison. Le peuple a tué les deux hommes, qui tout d'abord voulurent éviter la guerre, le tsar et le comte Tisza, celui-ci parce qu'il refusa de s'enfuir ; il en fut de même pour le comte Stürgkh qui n'était pas un de ceux qui poussèrent le plus à la guerre. Tous les autres *dirigeants d'Europe personnellement responsables* ont sauvé de la catastrophe, grâce à la fuite ou à la longanimité de leurs peuples, une vie qu'aucun d'entre eux n'a risqué sur le champ de bataille, à part Tisza. On ne retrouvera sur aucune liste de morts les noms de tous ceux qui ont signé les déclarations de guerre d'Europe, directement ou indirectement. Le grand-duc Nicolas et Iswolski, Berchtold,

Bethmann et l'empereur Guillaume, Yanouchkévitch et Moltke continuent ou continuèrent à vivre
sans être importunés, bien que tous, à part Moltke,
aient survécu à la guerre. Pas un seul des vaincus ne
passa en cour d'assises. L'assassin de l'archiduc
mourut sous les tortures, l'assassin de Jaurès fut
acquitté.

C'est la population de l'Europe qui a payé la note
avec neuf millions de cadavres.